秦淮八艳之

李香君传

典藏精品　苈香初◎著

李香君传

广东旅游出版社
GUANGDONG TRAVEL & TOURISM PRESS
悦读书·悦旅行·悦享人生

图书在版编目（CIP）数据

秦淮八艳之李香君传 / 芬香初著 . —广州：广东旅游出版社，2014.1

ISBN 978-7-80766-766-7

Ⅰ . ①秦… Ⅱ . ①芬… Ⅲ . ①李香君—传记 Ⅳ . ① K828.5

中国版本图书馆 CIP 数据核字 (2013) 第 299967 号

责任编辑：陈晓芬
封面设计：金　刚
责任技编：刘振华

广东旅游出版社出版发行

（广州市越秀区先烈中路 76 号中侨大厦 22 楼 D、E 单元　　邮编：510075）

邮购电话：020-87348243

广东旅游出版社图书网

www.tourpress.cn

北京毅峰迅捷印刷有限公司

（通州区潞城镇南刘各庄村村委会南 800 米）

710 毫米 ×1000 毫米　16 开　14 印张　185 千字

2014 年 1 月第 1 版第 1 次印刷

定价：29.80 元

目录
CONTENTS

第九章　李香君的诗意人生

第一章

将门之后，天姿之美，可怜天定身若草

楼上谁将玉笛吹，山前水阔暝云低。

劳劳燕子人千里，蓉蓉梨花雨一枝。

惆怅近，卖饧时，故乡惟有梦相随。

夜来折得江头柳，不是苏堤也皱眉。

第一节　平芜尽处忆年华

又是一个天气正好的日子，河边有三三两两的姐妹在浣纱嬉戏。我独坐小阁，垂下疏帷，捧了一本洪刍的《香谱》来瞧。书上说降真香出于交广舶上，嗅之如苏枋木，燃之初不甚香，得诸香和之则美。读罢不禁莞尔。

降真，降真，我喃喃道。这个名字让我想起了自己还没来到秦淮的那段时光。

我出生那年的二月初十，扬州城正遭遇着浩天大劫。地动山摇毁了庐舍无数，道路裂开，涌出大量黑水和不知名的海物。乡亲们四处逃窜，夜不敢寝，大多露宿街头。三日后，京师滦州大震。城内宫殿动摇有声，铜缸之水腾波震荡。至三月初二日，京师又震三次，生灵涂炭，倾覆如灭顶。街坊间有流言，这种种不祥是一个王朝气数将尽的征兆。而我的家族，苏州吴氏，也在这天启四年朝野之变中，随着东林党的失势而逐渐落魄。成王败寇，更是千年如走马，这世俗道理却从未变过。

仓皇之下，母亲将我送往扬州姨母家。昔日将门之后，如今落魄出逃，如同战旗被溅了污血、折了杆子再难挺立。而母亲，一个刚刚生产完的瘦弱的吴越女子，在这舟车劳顿中丧掉了性命。他们说我白皙的肤色像极了她，凝脂般的质地，会耀出光泽。可我早就不记得她的样子了。有的时候，我会在屋子里端着她留给我的小铜镜看上一两个时辰，直到姨母叫我去园子里陪着做些针线。他们怕我伤心，便极少提起母亲的事。缄默中我望着缝缝补补的姨母，我知道她不敢抬起头，她怕我看到她流泪。她比我更加思念我的母亲。

降真便是打我一来到姨母家便侍候着我的丫鬟的名字。她长我六岁，平淡无奇的眉眼我却记得很深。她怜我寄人篱下，孤身幼小，许多事情便由着我来，也不跑去告诉姨母。

比如和表哥姜疏总是一起玩闹的事。

表哥姜疏长我一岁。他时常陪我在园子里玩，郎骑竹马，妾弄青梅。我知道家里想把我许配给表哥，两姨兄妹，总是比别家亲近。都说女儿家不宜在抛头露面，姨娘还给我讲古时墙头马上的故事以来告诫我。可我毕竟年纪小，怎么耐得住深闺寂寞无人问，便时常来园子里玩耍，侍弄侍弄花竹，喂喂鱼什么的，得了凉快处就酣眠一场也是快事。表哥知道我喜欢在园子里闲逛，也常常来这里找我。两个孩子一拍即合，都不是什么老实的主儿，挖泥巴编草绳，还真是有趣得紧。姨母虽也惩罚过我们俩，让我们以后少这样胡闹，可是表哥嘴很是甜，见姨母生气后便跑去哄，时间久了，大人们见我们年龄尚小，无需避嫌，也未曾出过什么大差错，如此一来，也就作罢不管了。就算是伤着碰着的，有降真帮着我瞒着，私下里处理一下，大人们也不会知道。

姨母闺名中有个桂字，因此她也爱极了桂花。园子里种了许多桂树，因而每每想起自己的童年，就好像有桂花味扑面而来。"暗淡轻黄体淡柔，情疏迹远只香留。何须浅碧深红色，自是人间第一流。梅定妒，菊应羞，画栏开处冠中秋。骚人可煞无情思，何事当年不见收。"这首李清照的词被表哥写在扇面上送我当作生辰礼物。都说小孩子家不宜过什么生日的，且我打记事起便没了娘，我对生辰的日子便更是有种阴影。我总是想起我的母亲，所以每到自己生日便在自己屋子里哭一天不出来，我不知道自己为什么对这个早已逝去的女人有这么深的感情，她仅仅给了我生命，但我仍然感激她，就是这么简单。

一日，姨母突然将我叫去房里，我心下惊异，不知发生了什么。降真替我叩了叩门，我提着裙裾小步跑了进去，见姨母躺在床上，似是身体不适。我伏在床边，瞪着圆溜溜的眼睛看着她。姨母见我表情严肃，笑了一下，却是勉强。我看她面色苍白，唇无血色，更是不知所措。

　　"姨娘，您是怎么了，不要吓香儿啊。"我急得几乎哭出声来。来的时候只是觉得蹊跷，并无人告诉我姨娘得了什么病。在家里，因我是外家女儿，嫡家表亲，所以早上的请安也被免了。再加上我性子本就不喜热闹，家中除了姜疏表兄还比较亲近外，其余的少爷小姐都谈不上来往。每日三餐我都是在自己房里用的，与姨母更是许多日才能见一面。

　　"傻香儿，姨母没有关系，只是从前旧疾犯了，所以才卧床的。几日没见香儿了，也不知道有没有在淘气，可有好好读书？"姨母让降真把把自己扶了起来，倚在床头，斜着身子望着我，眼里全是温柔。

　　"香儿自是记着姨母的训，每日都有读功课。姨母您是什么病？现在可有好些？旧疾？怎么才能治好，可有服药？"我不知道姨母还有什么旧疾，在我看来，她的身子是不错的。前年她刚刚生的小表弟阮儿，是个剔透玲珑，一副聪明样子的小男孩。

　　"香儿这急躁的性子还真是我们家的血脉呢。你啊，也真是的，让我不得不疼爱。我一直拿你当我亲生女儿养护。你母亲和我不是一房出来的，却对我很好，有什么吃的玩儿的总是想着我。我记得有一年苏州竟然寒得下起了雪，冷得真是骇人啊！我是偏房出身，自己的娘过世也早，便不受待见，在自己屋子里冻得手脚发青紫色，也没人来管。你母亲半夜敲我的门，偷偷摸摸地进来给我递了一个包袱。我还寻思是什么呢，一打开，里面竟是张崀绣毯。要知道那是只有得宠姨娘才有那东西啊，这可把我慌张坏了，万一别人以为我是偷来的可怎么成？便吓得一夜也没敢用。你母亲可能也知道我是什么性子，胆小如鼠的，没什么大造化，第二日便求了父亲，把我接到她屋子里去睡，说怕冻坏了妹妹。唉，那屋子可真暖和啊，窗纸里垂了一层羊皮帘子，甚是驱寒。屋中央是一个小火炉，烧得红红的。我特别不安，香儿，你可知道那种滋味？眼前的一切不是你的，你享用着也是暂时的。你不知道什么时候就要失去这一切，倒还不如从不曾拥有过。"

我不知道为什么姨娘要和我说这些，她的童年，她的心事。我隐隐觉得不妙，却不知道哪里不对劲。有的时候，孩子总是能机敏的发觉出气氛的微变。也就是从那时起，听了姨母的那些话起，我就如同被带入到她的故事中去一样，我突然能领悟到那些悲伤，那些不安，那些迷茫。直到姨父家被抄，我才知道为什么当时我会有那样的感受。而这种身如浮萍，连尘埃也沾染不起的浪迹感，从那时起，便从未消失过。

姨母是因为受了风寒，肺痨病犯了。这是我悄悄地从后院中的粗使丫鬟那里打听到的。他们说她因为怀阮儿时受了惊吓，再加上生产又伤了元气，从此身子便虚弱了。所幸阮儿倒是健康地成长着。我择了日子去看看我的小表弟，看看他又长了分量没有。到奶娘房里的时候，见房中却不见人，我便去了园子里，绕着小亭子自顾自地唱着小曲。

大约过了一炷香时间，我又回奶娘房中，见还是一个人都没有，只得回自己房间。沿着园中小路往自己房中走时，听见假山后竟隐有声响，便好奇地走了过去。这条小石路上有许多青苔，滑腻腻的，我一个不小心扭了脚，唉哟一声跌坐在了地上。那假山后的人有所察觉，赶忙出来瞧。我真是万万没有想到，姨夫和奶娘竟然衣衫不整地在一起。我当时才五岁，虽未经人事，却明白自己做错了事。可自己瘫倒在地上，不能走不能跑只能眼睁睁地看着他们。奶娘林氏满面羞红地跑走了，路过我身边的时候还碰了我一下。我只是不知道自己为什么摊上这样的棘手事，只能低下头默不作声。姨夫整了整衣衫，走到我身边。

"香儿来这里玩耍吗？"语气温和，可是双眼之中一种近似凌厉的光似有若无。

我愣了一下，喃喃道："回姨夫，香儿才刚想去看小表弟，见房中没人，便一路来此，眼下正打算回房。"

"你来看阮儿？倒是个有心的孩子。"姨夫低头看着我，"我刚刚寻了奶娘来问问阮儿的事。你也知道你姨母她近来身子不好，我想着你也会多去照看着。"姨夫弯腰将我扶了起来说道。

"姨夫说得是。"我还是无法自己立直，便半倚着旁边的小灌丛。身子斜歪着，很是不雅。

"以后便在屋子里多加修习吧。你年纪还小，别养成了东跑西颠的坏习惯。你姨母将你接到这里，也是望你安稳过活，别让她白费心思。"

"是，香儿记下了。"

"一会儿差个人过来扶你。"说完，他拂了拂衣袖，腰间的玉佩也跟着晃了晃，然后便转身走了。

我在小径上倚着灌木丛坐着，也不知过了多久，却没人来寻我，把我搀扶回去。脚腕被扭了一下，最初的痛感还未消去，现在已经肿了起来。我心中很是难过。未几，月亮上了月梢。我肚子咕咕作响，心想怕是姨夫忘了这件事，或者他是故意想给我个惩罚，也便不再等什么来扶我回去的人了。我一路摸索着，脚上不利索，只能连蹦带跳。忽然从草丛里窜出一个人来，把我吓得差点坐到地上。

"表妹，我可算是找到你了。"是一个少年脆亮的声音。我定睛一看，原来是姜疏。我心中一暖，知道还是有人在乎我的生死。"表哥，你这猛地一下，可把香儿吓坏了。"

"香儿莫怕，我去你房里寻你不见，真是急坏了，现今见着你可好了。你这是怎么一回事，竟然在这假山旁。"姜疏才将七岁，说话语速极快，早些日子被家里送去私塾，经常得到夫子夸赞。他每日下了学总来我园子里寻我，或者给我讲述一些课上的趣事，或是教我一些诗文。

"我下午去看看小阮儿，未曾想竟未寻见，便来了这园子里闲逛，一不小心竟然把脚给扭伤了。"我并未向他提起我遇见姨夫和奶娘的事，隐隐觉得这会给我带来更多的灾难。我只想平淡地生活，不求出奇，唯望安生。

"小阮儿？我也好久没见到他了，不如改日你我一起去看看，不知他现在有没有变得更加调皮淘气。上次啊，我给他带了个拨浪鼓，他高兴得不停地摇着，真是可爱极了。"

表哥邀我同去看小阮儿是好意，可我却再也不想见到奶娘。我不知道怎么和她应承。她和姨夫躲在假山后不知在做些什么，而后我便被姨夫默默地冷待着，再加上姨母如今病卧，我更是以为她是不祥的。

"不要，我不去。"

心中不愿，在表哥面前竟然不自觉地说了出来。姜疏转过头来煞是惊讶地看着我："香儿，怎么了，是心情不好么？"我觉得和他一时也说不出个所以然，便只能默然。眼前过着下午时的一幕幕，竟然生了恼意。

"你真当我愿意摔倒么，不想去奶娘房里便是不愿意去，也不知道什么时候小阮儿能断奶，让她离开。"

"香儿说些什么傻话。柳娘原本就是我们府上的丫鬟，被我娘许给了陈阿实。她刚刚生了一个女孩儿，我看过，长得漂亮着呢。"

"表哥说什么便是什么吧，香儿有些累了，现下有些饿，不自知的竟然发了脾气。"

第二节　却是无奈暗低眉

姜疏将我一步步搀回了房里，进了屋子才发现今晚竟然连饭菜也没给我留。我不知道自己究竟做错了什么，但无疑这一切都和下午假山后的事情有关。我呆呆地坐在椅子上，眼睛发直，看着地面。降真见我一瘸一拐地回来，叹了口气，看了看表哥，请了个安。

"二少爷这么晚了，您也回去休息吧，表小姐这里我会照顾好的，您别担心。"

"如此也好，香儿你先找些药膏涂着，明儿我再寻些好的给你送来。降真，你去厨房看看还有没有吃的给表小姐拿来。香儿我先走了，你好生歇着。"

说完，表哥转身便走了，腰间的玉佩晃了晃，让我想起姨夫转身离开，说要差人搀扶我回去，却一去无影踪的事情。

"小姐，你可是又和二少爷疯闹的？说了多少次了，女孩子家要是磕破了哪里，可多丑啊，以后去婆家，会是被夫君嫌弃的。"降真皱着小眉头，满脸的抱怨，"再说了，少爷和你虽是表亲，若是传出什么也是个多余的烦心事儿，小姐您年纪小，还不知道这规矩，若是再长几岁，就明白奴婢的想法了。降真可是真心为你好。"降真低头仔细瞧着我的伤，又起身去端了一盆水要来擦拭。

"不说别的，小姐您还不如多习些女工，讨老爷夫人喜欢。你看这么晚了也不来送饭，一会儿啊，还要奴婢亲自去给您寻寻还有什么吃食。"

她小心翼翼地帮我擦拭着伤口，我也低头瞧了瞧。白日里只觉那处有些肿痛，现下被表哥扶着强走了几步，许是活动了一番筋骨，竟然好了许多。

"降真真是麻烦你了。我也知道自己总是闯祸，今天可是遭了报应不是。这伤还真不怪表哥。原是我今天下午见你被叫走了，自己闲着无聊，想起好久未瞧见小阮儿了，便往柳娘房里走，哪曾想竟在小径失足滑倒了。还真是痛。"我赶忙辩解着，生怕她发觉了什么猫腻。

"唉哟我的小姐，改明儿啊，降真天天陪着您，可不能让你乱跑了。这是在园子里失足，要是在湖边失足，还不得吓煞我也。"降真倒是没看出我的慌张，她起身端起盛着水的木盆看着我说："小姐您先在这里休息着，我去寻些食物和药水。可别饿着。"语毕，转身便出去了。

我自己一人留在屋子里，独对着小油灯，甚是凄凉。

姨夫与姨母也算是年少夫妻，举案齐眉，很是恩爱。姨夫娶纳了一妻一妾，正房便是我的姨娘，而那侧室是从前姨夫房里的一个丫鬟，打小服侍着，后来被姨夫收了，生了一个大少爷，一个大小姐。大少爷名唤姜整，大小姐闺名玖儿。我与玖儿年纪相仿，也总在一处玩儿些捉迷藏的游戏。她身量娇小，眉目清秀，很像姨父。她可是玩儿捉迷藏的好手，我们这些孩子总是寻不到她，只能认输。每当最后她从一些匪夷所思的地方跳出来时，总是让我们咋舌。玩累了我们便讲起司马光砸缸的故事，说那司马氏举起石头奋力一击，看看自己周围的人儿，发现竟没有一个能搬得起那么大的石头的，不禁笑做一团。

那不谙世事的时光真是让人怀念。我可以笑得没心没肺，没有顾虑，没有牵挂。只是因为开心罢了，而不是现如今的自己，强颜欢笑给人看。

姨母那段时间卧病在床，后来渐渐严重了起来。肺痨着实可怕，从起先的只是轻轻地咳喘，到最后竟然咳出血来。我被禁了足，每日在自己的房间里念书，十分担忧她的病情。可是每当我要出去的时候，总是被降真给拽回来。我不知道去探望自己病重的姨母有什么不可以的。可是降真就是这样固执，我不解她的意思，也拗不过她，只能在屋子里读读书，打发时间。

有一天我见降真出去了，便偷偷地从屋子里跑了出来，一路奔到姨母房里，却在姨母房门口遇见了降真。她看我竟然来到这里，很是惊讶。

"表小姐，你怎么来这里了？"

"我是担心姨母，你让我进去。"我竟然毫无畏惧。是的，我为什么要怕一个丫鬟，而自己真的做错了什么吗？姨母危在旦夕，自己娘家人却不守候在身旁，这种痛苦我虽未经历过，不知有多么难过，却也不想让姨母遭这罪。

"表小姐，我的小祖宗，夫人现在病重得谁也近不了身。就是少爷来，也被挡了回去。"

我不依，降真见我倔强如此，忙说道："你道这是儿戏？夫人这病是会传染的，万一扩散开来，可怎么好。"

我没有想到如此严重。重疾如猛虎，转瞬便要了人的命，我想着想着，想到可能不定什么时候姨母就去了，心中狠狠地痛了下。她是和母亲关系最亲近的人，这么多年来，每当我思念母亲，都是她在我身边，安慰着我，抱着我，抚摸着我的背，揉搓着我的小脸儿，然后说："香儿快快长大，等你大了啊，肯定和你娘一个长相。"她这么和我说着，仿佛我就是我母亲一样，她看我的眼神熟悉又深情，我觉得很温暖，那一刻，我觉得自己是个真的有家的人。

"降真，无论如何，你也要让我进去，不然我会后悔一辈子的。"我努力地推开挡在我面前的降真，想要硬闯进去。

"小姐，万万不可啊！夫人马上就要送出去了，你这个时候在这里添乱，被老爷知道了，一起送出去可怎么好。"降真一脸焦急地看着我。其实就算她不劝我，干脆把我挡在门外，凭我的身架子，也是和她硬来不得的。

"求求你了，降真姐。你是看着我长大的，我从小就没有娘，姨母把我拉扯大多么不易，现下她生了重病，我若不去见她一面，又是多么不孝的事。算我求求您了，您看就把我偷偷放进去，我见姨娘一面，马上就出来。"我几乎跪在地上，拉着降真的衣摆，泪水含在眼睛里。

"表小姐，我也是个打小儿就没了娘的，可是我在这府里也不过是一个丫鬟，若是放了您进去被谁看到了，到时候可是你我一同受惩罚。"

"你的意思是，不让我进去？"我恼了。

"小姐，您趁着天还亮着，赶快回屋子里去吧。我把这边料理完了，回去侍候您。"

说话间功夫，就见表哥姜疏走了过来，他见我一直苦苦哀求着降真，便一把将我拉在身后。"小姐的话你怎么也敢驳了，倒是谁给了你这么大的胆子。"表哥将我护着，言辞狠戾地问道，"我倒是不知道你有这么大的本事。上次我来，你说我娘生病需要休息，将我拦着，我想着娘最近身体是不好，便作罢，想让她多多休息。只是未曾想到你竟然又欺负起表妹来。说，是谁由着你这么做的，给了你几个胆子？"姜疏像是真的动了怒气，一脸恶狠地瞪着降真。他今年才刚满七岁，身量未成，长得并不高。而降真却是比他高上一头。饶是如此，姜疏气势满满，没有任何顾忌。我躲在他的身后，只瞧着他便觉得长了自信。我今日本就是不见姨母便不死心的。只是刚刚还想着若是这降真硬生生把我拽走可如何是好，现下倒是好了。

见姜疏一张脸铁青着，降真瞥了瞥我，只好老老实实得赔着笑脸对表哥说："少爷，这事情也不是奴婢一个人做得了主的。老爷特意嘱咐过，这万一出了差错，可都要奴婢担着啊。"

"你担着就你担着，怎么着，还不让爷进去？"

"少爷，万万不可啊！大夫可是百般叮嘱，现在夫人的病可千万不能让小孩子近身，最是容易让童男童女染上。奴婢也是为了您好，你体贴着夫人，原是一等一孝顺的好孩子，可是夫人也不想让您进去，上次真的是夫人的意思，奴婢怎么可能乱传话。"降真直接跪在了姜疏面前。"降真，你说姨母的病什么时候会好。"我见她不似有假，便硬生生地来问她。

"是啊，你倒是说说，我娘的病什么时候能好。真是把我急死了，我问谁谁也不告诉我，就说我娘不过是偶感风寒，偶感风寒怎么一个个都在这儿给我装神弄鬼的。"表哥紧抿着双唇，突然也发话了。

"回两位小主子，是这样的，前些日子夫人说自己身体不适，怕是感了风寒，每日食欲缺乏。原本以为自己调理一番便好，却未曾想，天气转凉竟然把病情带重了。夫人之前生小少爷的时候也是受了风湿之症，现今身子弱，这病都发了出来。"

"那我怎么听说姨母是得了肺痨了，刚刚你还告诉我说姨母的病会传染，还要把姨母送出府去。"我抢过话头，着急地问她。

"小姐听我把话说完。是这样的，前些日子请了郎中，郎中说夫人的病不适合在阴冷潮湿之地养着，所以要寻个暖和之处，把夫人送去。况且如今夫人的风寒连郎中也尚未下定论，只说要服药调理，可这么久了也不见好，竟然还咳出血来，那郎中说大概是肺痨之症，怕是，唉，瞧我都在说些什么，总之两位小主子快回自己屋子里吧。"

"好你个奴才！前言不搭后语，当爷我好哄？我自己的亲娘想见倒是不能见了，还怕你不成！滚开，小爷这就要一探究竟。"说着，就见表哥一把踢开了降真，直冲冲地推开门，往屋子里跑去，我也想跟着他跑进去。降真被踹倒在地，唉哟唉哟地叫着，可见表哥这一脚踹到了实处，我心中不忍，毕竟我和降真是从小一处长大的。说着，我便蹲下身子给她查看伤处。

降真见我并未随表哥姜疏一同跑进去，十分感动。我看她眼圈通红，知道也是难为她了。她小嘴儿做了个要哭的样子，我连忙想要捂住她的嘴，却听她说："小姐，奴婢也不容易啊，这差事要是做不好，老爷可就要把我给赶出去。我早早便没了爹娘，被卖进府里服侍小姐，只是可惜现在老爷千叮咛万嘱咐的，让我千万别放人进去，尤其看好你和小少爷。"

我不知道究竟发生了什么，这事情实在是蹊跷。我知道一切应该都和奶娘柳氏在假山后的事情有关，可是却实在摸不到什么头绪。我毕竟只是一个才六岁的孩子，力量实在是薄弱。我可以依靠表哥的力量去做一些事情，可是表哥毕竟也还小，终是要被他的父亲掌控着。我知道降真年纪小，不会编瞎话，可是我们年纪也小，不知道这话究竟瞒在何处，只是觉得不对劲罢了。

"降真，我知道，可是我也是担心姨母。姨夫明着不说，但是摆明就是不让我四处走动，禁了我的足。你每天监视着我，我且问你，你究竟是受了什么命令，竟然不顾忌我们多年的情分。"

"小姐，奴婢什么都不知道。前些日子夫人不是把你叫了进屋子里了吗？怎么她没有和你说些什么？前些日子您崴了脚从院子里被表少爷搀扶回来，第二日老爷就把我叫了去，让我以后让你少些走动。我以为是老爷见你和少爷走动密切，觉得女孩子家怕坏了名声，这才每日跟着你的。"

"哦。那么这姨母的病又是怎么一回事？"

"娘！娘呢？"突然表哥从屋子里跑了出来，"降真，你倒是说说我娘去哪儿了，她不是生病了在屋子里吗？"表哥一脸惊讶，但是显然怒气更胜。

刚被我扶起来的降真一下子又跪在了地上："少爷，小姐，求你们饶命，千万不要和别人讲啊。夫人前些日子借着自己生病，说是在屋子里躺着，什么事情也不管，又说自己怕把病感染给别人，所以不让任何人来见，其实夫人是出了府了，至于去了哪里，我也是不知道的。"降真边哭边抱着我的腿，"小姐啊，我不是有意瞒着你的，只是事关重大，关乎我们全府上下人的性命啊，每日我佯装把饭端进夫人的屋子里，然后自己在屋子里把饭菜都吃掉，假装是夫人吃的，又到处传什么夫人的病会传染，所以有关夫人的事情都是我一人照看着。想着近来大家眼看着二夫人的风头正盛，竟然没有几个人来打理大夫人的事情。老爷怕你们几个小主子一不小心说出去，便让奴婢瞒着。"降真哭哭啼啼地把话说完，又抱着我的腿呜呜地哭着。我心中很是难受，但又十分庆幸。姨母没有病便好，想想那日她把我叫去时的样子，似乎是除了面色苍白些也没什么大碍。之后咯血的事情都是奴婢间传来传去，我倒是没有亲眼见过。

如此想着，心里也舒服些。我转过头去看了看自己身边的表哥，只见他此时却是不再说话。他面无表情地低头看着降真，却若有所思。

第三节　恋恋尘波情难测

"降真，你这名字是谁给你取的？"表哥忽然又做出嬉皮笑脸状，问道。

"回少爷，奴婢从前家里靠卖香料为生，这降真便是一味香名儿。"

"如此有趣，那你不是说自己是孤儿么，你又是怎么被卖进府里来的？"表哥忽然饶有兴趣地问着。我见降真一直跪在地上，冰凉冰凉的，还真是可怜，便把她扶了起来。

"回少爷，我父亲去西边倒卖香的路上，被歹人所害，那时我才两岁，我母亲痛不欲生，便自己悬梁自尽了。我母亲也未曾想过我会怎样，反正她也只留我一个女儿在这世上。我长到五岁的时候，舅舅因为赌光了钱便把我卖进了府里。那是一个冬天，天可真冷啊！第二年表小姐便被送了来，我就开始服侍表小姐，这么一晃，也是有六年了。"

"香儿，你今年六岁啦。"表哥偏过头来看我。

"表哥莫不是傻了，香儿小表哥一岁，表哥今年七岁，那香儿自是六岁。"我不知道怎么他今日神神叨叨的。

姜疏见我如此答道，表情又开始调皮起来，他笑嘻嘻地看着我，也不知道心中在想些什么。表哥长得很是漂亮，眼睛大大的，睫毛长长的，用形容女孩子的词来形容一点都不过分。他耳垂特别的大，从前姨夫的母亲老夫人在世的时候就喜欢这个长相有福气的孙子。我看着耳垂有趣，便总是上前去捏捏拽拽。从前表哥也不嫌弃我动手动脚，就那么默默地看着我，然后突然伸出手来挠我的痒痒，我被这样的突然一击，立刻跳开，然后再看表哥早已笑得前仰后合。时间一久，我便长了记性，不再站在他面前摸他的耳垂了，转而在背后趁他不备突然上前猛地一拽。他立刻就能反应过来，转过身就追着我满院子跑，最后我一着急，直接跑回自己的屋子里，然后关上门让降真替我挡着。

"我是想表妹要是长到降真那么大，会出落成什么样子呢。"表哥依旧笑嘻嘻地问着，可是语气中有我听得出的好奇和渴慕。

"我哪里知道，想必是你长成什么样子，我就长成什么样子啦。"我赶着回道。

"真是糊涂话，你怎么能长得和我一个样子。"表哥有些不满意地回答道。我侧过来看了看他，做打量状。他嘟着个小嘴儿，一副怨妇状："你怎么一点都不认真地和我说话啊，我可是认真地在想着香儿以后会长成什么样子。"

"怎么就不能长成一个样子啊？你我是表亲，你长得像姨母，听姨母说，我长得像极了我妈妈。姨母和妈妈像，我自然也和你像啊。再说你长得这么像女孩子，我本来就是女孩子。表哥，我们以后做好姐妹好不好。"我撒娇地拽着他的胳膊，娇滴滴地说道。

"傻不傻啊，你是谁家的姑娘啊？真是不愿意理你。"边说边往房间走，"哼。好了，到了，你先回房间吧。降真，去厨房给表小姐拿饭菜来。"

我一看，还真是不知不觉就走到我的房间了，我哼哼着，看也不看姜疏，淡漠地说着："既然表哥不和我好了，那就再见。"

"唉，表妹不和我好，我和表妹好啊，表妹说好不好。"姜疏又走上前来，笑嘻嘻地看着我，他望着我，眼睛好像深不见底的深潭，但语气却是那样的不正经。

"不好不好就不好，表哥先不要我的。"我噘着嘴看着他，他看着我的样子，突然"噗嗤"一笑："其实啊，我是想说，我以后怎么能和香儿长得一样呢？香儿长得那么美，我真是怎么也赶不上的啊。看天仙般的香儿自降身价要与我为伍，我可是生气了呢，怎么能折辱我们香儿，你说是不是。"

"哦，看你这么个态度还算不错，只是我可不是什么天仙，天仙过得一点都不开心，你不知道七仙女和董永的故事么。"我看表哥一直在哄着我，也不好一直都这么个臭脸色给他。

"傻姑娘，真是的，好了，你快回屋子里吧，娘那边的事情我再打听着，你不要担心。"表哥忽然正色道。

"嗯，好的，那么你有什么消息了快来告诉我，我真是要急死了。你也早些回去吧。"

我说完，转身进了屋子。

念及那段岁月，竟不免觉得发寒。

前一日还是说说笑笑的安生日子，下一日便传来了姨父家要被抄的信儿。不出三日，这消息连僮仆们都知道了，他们每日惶恐不安，甚至有车夫连夜卷了家当偷了马逃走的。我长在后院儿，平日里和下人们也算是熟悉，因此就算姨父他们瞒着我，我还是知道个大概的。树倒猢狲散，世态炎凉，我却也是懂得。只是，乱世之下，何处有我一个孩童的安身之所。

没过多久，姨母便回来了。她把我又叫去了她那里。这回降真的神色还是如同从前那般捉摸不定，也看不出太多不安慌张。我进了屋子，见姨母端坐着，见我进来了示意我也坐下。我请了个安，便坐了下来。

"姨母，"我眼睛忽然潮湿起来，"我还以为出了什么事情呢，您一直卧病，后来我和表哥强闯进来才知道您的病并无大碍，这才放下心来，只是这么久不知道您去哪里了，也是好担心。现下终于见着了但还是心有余悸啊。"我突然扑倒在了姨母怀里，姨母也是有些把持不住地哽咽了。

"香儿啊，我知道你是个好孩子，姨母没白疼你。这么久你怕是也受了委屈，只是你要知道，姨母不能看护你一辈子，有些委屈忍忍就过去了，有些，是坚决不能忍的，可千万不能让人欺负了。"姨母目光里，是满满的怜惜。

我"嗯"了一声，还是窝在姨母的怀里。

"香儿啊，你觉得表哥待你怎么样。"

我想了想表哥那些鬼脸，感觉很是甜蜜，虽然表哥平日里就是个没正经的，可是却处处让着我，从未让我受过委屈。"表哥待我自然是没话说的。"

"那么等香儿能嫁人了就嫁给表哥好么？"姨母柔柔地说着。

"姨母，您说什么呢！"我不好意思地往姨娘的怀里钻了钻，"表哥和香儿都还这么小，还没到谈婚论嫁的时候呢，姨母您也太急了。"

"香儿啊，姨母是想让你一直留在我身边，疏儿也见着大了，你也是我一手带大的，这表亲在一起，也是亲上加亲。"姨娘拍了拍我的肩膀，"香儿，怎么想的，和姨母讲讲。"

其实我是很喜欢表哥的，可是不知道为什么，总是感觉嫁给表哥的感觉很古怪。

"表哥待我很好，只是怕他日后喜欢上其他家的姑娘。"我垂下头，道："姨娘，您可莫要再羞香儿了，香儿但凭姨娘做主。"

"好好，那这事儿啊，就这么定下了。"姨娘笑着把我牵到梳妆台旁，从香奁中取出一个银簪，交到我的手上："香儿，这是我母亲送给我的，你娘那里也有一个，只不过她过世的时候一起带到下面了。我这个给你了，算是补上你母亲应该传给你的那份。"

"姨娘，这，"我抬起头望着姨娘，"这可怎么好呢。"

"有什么好不好的，你怎么总和我这么客气，你是我亲外甥女，以后可能还是做我儿媳的人，本来这就是要传给我家女儿的东西，我膝下只有疏儿和阮儿，并没有什么女儿可传。"

"那以后给阮儿的媳妇也好。"我推辞着。

"香儿，你这样可就是不懂事了。"她定定地看着我。

我见姨母有些生气了，知道自己也有些过分，便又说道："香儿收下就是了，我只是怕姨母日后反悔罢了，姨母可不要生香儿的气。"

"收下便好。"她见我将那簪子稳稳地拿在手里，便又说道："香儿，明日我要去进香，你也同我一起去吧，在庵里好好修养一番，省着天天在园子里耍，弄得没个姑娘样子。"

我本不想去，可是见姨母兴致颇高，便无可奈何地答应了。

于是我就随着她去了庵里小住，哪知第二日一觉醒来，竟被小尼姑告知姨母已经回家去了，暂且留我在此，过几日再来接我回去。我隐隐感觉不妙，只是自己只是一个女孩子，什么都做不了，听姨母的话就成了唯一的选择。五日后便传来了家里被抄的消息。

第四节　风云惊变旦夕危

突然之间，我不再有家了。我可能再也见不到姨母，再也见不到表哥了。想到这里，一种前所未有的恐惧袭来。当天我逃出了尼姑庵，奔波了一天一夜才到城里。那时自己胆子真是大极了。人，果然是越没有退路越是勇敢得出人意料。好在那尼姑庵虽说是在山间，却也不过只是坐落在郊野的一个小陡坡上，因这里曾在前朝灾荒年头布施过流民，因此在这四周有着不错的名声，常常有富贵人家来此修养。沿途多有马车经过，所以路倒是踏得平阔，夜间偶有行者见我这副模样也愿意指路救济，许是上天护佑竟未遭遇什么恶徒歹人、流氓土匪。

我回到府里的时候，门上贴着封条，我不能进去，便在后门的巷子口蹲着，看能不能寻见故人。也是赶巧了，遇见府里从前的仆人陈阿实，他见了我很是惊讶，口里仍唤我表小姐，问我这是怎么回事，竟然逃过一劫。我一一向他道来，又问他可知姨母去了何处，他摇了摇头，说道："老爷也不知道得罪了谁家厉害的，唉，姜疏早早逃了出去，其他人都陪老爷去了。"

我一怔。那隐隐的担心终于变成了摆在眼前的现实。我没有家了。我的亲人都不在了。一瞬间，我竟然说不出话来，愣在原地。

陈阿实打量着我，上上下下，一处不落。我一路走来，过了不少野路，虽然在庵里偷拿了几个馒头充饥，可身上此时破旧不堪，头发散乱，没有半点儿好人家女孩的样子。我被他看得很不舒服。

他见我怯生生地看着他，便又道："小姐，如今你一个女孩子，他们

第一章

将门之后，天家之女，可怜天定身若萍

021

都不在了，你怎么办。"

我抬起头看着他，他眼里是满满的怜悯，可是看起来却那样不真实。然而古怪在哪，我也说不出来。我如今确实是无依无靠了，我道："你说，我该怎么办？"

陈阿实闻言面露喜色，忙给我磕了一个头："小姐，您和老爷夫人从前待我不薄，还将柳娘赏给奴才做了媳妇，如今小姐虽是落魄，却也是大户出身。我定为您寻个好去处，可真是怕委屈了您，可千万别被乱糟蹋了。"

我叹了口气，不禁有些感动："阿实，真是劳烦你了。只是家中出了变故，我未见上姨母最后一面，心里很难过，与姨夫虽未谈得上多么亲近，可总归是待我也好，吃穿用度都拿我当亲生的对待，和玖儿没什么两样。世态炎凉，可现如今你还不忘旧主，想着为我操办，也是难得。"说着说着，我不觉流泪起来。

我从小便是精灵古怪，姨母曾说我心思太过细腻，竟像一个小大人，总能揣测出大人的心意，说一些极其成熟的话语。然而这却当真让我觉得累心。

想着姨母费尽心思地把我送走，只想救我一命。就像当初的母亲刚刚生育后也不顾自己身子不好，便把我一路送来姨母家一样。这些恩情，今生怕是不能还了。

我被陈阿实带回他家中养了半年，后来他的妻子柳娘看我总是不自在，而陈阿实为人老实，我姨母对他也不错，他一时间也不能做出什么忘恩负义之事。以前寄人篱下，在姨夫家中，我自是大气也不敢出，生怕说错了一句话，这表小姐的名头没了也罢，被赶出府去，可就没有衣食依靠了。虽然我的姨母与姨夫的感情不是那般好了，可毕竟是正房夫人，还生了两个儿子，地位稳得很，但是我心中总是忐忑不安。表哥对我也很好，只是那些好终究是别人的。人家想给就给，不想给了，还与我何干。而现在在陈阿实家，虽然姨母家待这奴仆实在是好，可是如今我家道中落，没有靠山，没人为我出头。再没有表哥挡在我的前面为我说话，再没有表哥信誓旦旦说要护我周全，再没有表哥见我不在到处寻我。可是表哥啊，现在香儿在这里呢，你又在哪里呢。

自打家中被抄后，我就仿佛一夜间长大了一般，遇到什么事情都是那般冷静，有的时候自己都害怕自己，怎么会像大人般处事。

柳娘每日为我起早做饭菜，她表面上待我不错，我也是庆幸，未遇到什么坏心肠的人家。然而她总是言辞闪烁。我知道她是怕我说出那日之事，所以在她眼里，我终究是一个祸害。

终于有一天，她趁着陈阿实出去办差事的时候，把我拉到她身边，和她一同做针线活儿。这些手艺从前我在姨娘家总是陪着姨娘做。姨娘怀着阮儿的时候也不闲着，自己给阮儿做了许多小衣服。我突然想起了阮儿，那个还牙牙学语的小宝贝。是的，他死在了牢狱里。那个只有两岁的小生命。

想到过去的事情我总是会呆愣愣地坐上好久，柳氏见我不对劲，也猜到我是想起了过去的事情。她缠了缠散落在床上的线，那些线都是黑色的，十分的硬，是用来给阿实逢斗笠用的。稍一用力就会把手勒出一道道的印子，半天也下不去。

"表小姐，"饶是我已经落魄至此，但是陈氏夫妇依旧叫我小姐，"你的脚还痛么？"

我微微一怔，不知道她在说些什么，旋即明白了过来："哦，早就不痛了，不打紧的。"我没有提起姨夫，我怕让她起了别的心思，然而我不知道的是，这句"还痛么"原本就是试探。柳娘以为我不过是个孩子，每日跌倒摔伤总是常事，未曾料到我竟然直接答了上来。"那么，小姐还怪罪我么，那日我本身也是不情愿的。"我不知道她有什么不情愿，她并未觉得我年龄小，还不适宜谈论这些事情，继续说下去："老爷让我去园子里找他，我便去了。没想到他竟然让我脱衣服。"说到这里，她竟然把手中的线籁放到一边，伏案哭泣起来。我想自己只有装作什么都不懂的样子才能逃过一劫，只是见她哭得实在可怜，便柔声道："柳娘，你奶了阮儿，我很是感激你，你受了什么委屈我实在是不知道，但我却明白，姨夫允了姨母收留我，他便是个好人。"

"呵呵，好人，是啊，好人。"柳娘抬起头来，抹了抹眼泪，"也罢，你小孩子家家的，我说了你也不明白，只是表小姐，有些事情，怕是要对不住了。"说完，她笑了笑，"你的身份太特殊，现在朝廷都在严加搜查，我和我家阿实都是老实人，实在是担不起什么罪名。偏偏你却是个不老实的。我已经和阿实说了，要把你卖到秦淮窑子里去，已经联系好了人家了。你啊，还是乖乖的准备准备，否则别怪我不客气。"说完，她斜着眼看着我，似乎想知道我会有什么反应，是不是会惊慌失措。

此时，我却有着前所未有的平静。我知道该来的总会来的，这难道不是一个最好的了断？莫说柳娘每日担惊受怕，就是我也是提心吊胆，生怕哪一日她突然出什么怪招阴招损招。如此也算是表明了立场，我被卖到窑子里又如何。我虽然从前是小姐身份，然后家破人亡，也算是捡了一条命回来，现在还求什么高门巨族的操守不成。我只想好好活着，我早已经折腾不起了。

柳氏见我如此，以为我又有什么坏主意。"你可不要以为我只是说笑，是啊，没错，我就是看你不顺眼，从前阿实念着主仆情深，还对你蛮好的。如今家里都揭不开锅，他也是穷怕了的，哪还能白养你这么一个过惯了锦衣玉食生活的小姑娘。把你卖给谁家做媳妇都不如青楼的价钱好。我今天和你说这些，也是撕破脸了，阿实也早就知道了我的心思。我们是再不能这么白养着你了。"

柳娘说的这些，我都是懂得的。于是沉默半晌，便也回答道："柳娘，多谢这么长日子的照拂。请受了香儿这一拜。"说罢，我便盈盈地拜了下去。

"我知道我实在是做不出什么活儿来，我年纪还小，除了每日帮着带带孩子外，当真是帮不上什么忙了。这段日子给你们添了好多麻烦。只是不知道我什么时候去那秦淮？"

柳娘见我这么说，不可思议地睁大了眼睛，她本就面容姣好，现在做这样的表情反而显得有些可笑。"你当真不怪我？你怎么都不哭。"事已至此，我想不想去那秦淮都没什么用了，哭泣是无用的，在我小时候思念母亲的时候便知道，无论我怎么哭，就算把眼睛哭肿，嗓子哭哑，母亲也不会出现在我面前，给我温柔地哼歌曲，给我温柔地讲故事。

我记得以前听家里的姆妈说过这样一个故事，说是某家有个女子刚刚诞下一个儿子，便因病去世了。从此这家人便总能看见小孩子的摇篮旁有股青烟缠绕，若那孩子啼哭，这股青烟便会涣散开来，似乎被什么扰动了，直到有人来哄。后来等到这个孩子长大了学会说话后，那股青烟便再也没有出现过。

我好希望母亲化作一缕烟，缠在我的身上。从那时起，我便喜欢焚香，感受周身烟雾缭绕，总觉得是母亲在我身旁。还有的时候我多么希望母亲能入我梦境陪伴我，可是从来没有过，我绝望地哭泣，怕人看到，可是越怕人看到越是痛苦。后来我终于明白，哭是什么都解决不了的，我只有正视母亲早已去世的这个事实，开始自己新的生活。

"柳娘，没什么好怪的，也没什么好哭的。这大概才是我的命运，去秦淮河畔。只是还要多谢你们夫妇这段日子照料我，让我体会些温暖。"我顿了顿，"不知道我能卖个怎样的价钱，是否足够补贴家用？"

"这些你都不用担心，"柳娘叹了一口气，"那媚香楼的头牌要寻一个伶俐女孩儿当做养女，正巧不知道谁和阿实通了消息，那也是个好去处，你天资聪颖，还是个美人胚子，日后或许有好出路。若不去，现如今沦落至此，日后怎么都是寻个莽夫嫁了，一辈子不过是贫苦生活，最后也是个粗笨妇人，如我一般。"

"那我什么时候去呢？"不知为何，我竟然有几分向往之情。

"急什么，唉！"柳娘叹了一口气，"等今晚阿实回来我们一起再吃个团圆饭，等明天一早再走也不迟。"

我默默地点了点头，没再看她。直到晚上陈阿实回来了，看着我们两个的表情，大概是知道柳娘该说的都说了。他不好意思地看了看我，还带着从前我是小姐他是仆人时的那种谄媚神色。当时我看着还有些生气，不过现在的我已经淡然了。一切都不是他的错，不是柳娘的错，这便是我的命运吧！

第二章

舞低杨柳，歌尽莺鸟，秦淮水榭花开早

卷絮风头寒欲尽，坠粉飘红，日日成香阵。

新酒又添残酒困，今春不减前春恨。

蝶去莺飞无处问，隔水高楼，望断双鱼信。

恼乱层波横一寸，斜阳只与黄昏近。

第一节　酒趁绮弦梦中曲

　　崇祯辛未四年春，阉党为扫清敌对旁余势力，大举残害东林亲信。姨父家被抄，我被家奴陈阿实卖进了秦淮河畔的媚香楼。因为年纪尚幼，习性未成，先派至胭脂地名妓李氏手下。李氏才情了得，姿貌上佳。她性子温婉，却颇有侠风，是这一带的头号招牌，却吝惜言辞，平日里少那家长里短的俗气话，也没那寻常娼妇的泼辣戾气。我被送到她面前时，她正执著拂尘轻拭书柜和兰花架，肩若削成，腰如束素。我垂着眼目站在她面前，不及她耳垂高矮。见我来了，她回身低头望着我，淡淡一笑，又扭过身去。我默不作声，她也没再言语。直到她把架柜掸了干净满意，才把拂尘放在一旁，坐在席子上细着打量我。

　　"听闻你叫香儿？那么从此便跟了我的姓氏吧。"

　　"奴家姓吴，苏州人士。"我淡淡的回着她，并不想要接下话头。

　　"李香儿，也不妙，便叫香君好了。娥眉杏儿眼，面皮干净讨喜可人。我将你收作养女，你当如何。"

　　这李氏果然性子有趣，我如此不恭敬，也不生恼意。

　　只是，这李香君的名号便从此就要跟着我的余生。纵然李氏并未明说，我也知道自己无力否决，无力抵抗。我知道自己的弱小，而哭泣是在夜半一个人做的事情。我不能让人知道我畏惧失去什么。我想念我的姨母还有小表哥，但他们永远地离开了我，或许他们去陪伴我的母亲了。而我却在这章台柳巷，无人陪伴。有时自己夜晚推开窗子数星星，都觉得那样的孤独悲惨。

其实李氏待我甚好。她花名贞丽，贞雅娟丽，平日里我便唤她娘。我没有亲生父母疼爱，在姨夫家也只是过着寄人篱下、仰人鼻息的生活，而李氏却锦衣玉食地供着我，琴棋书画一一亲自调教，一颦一笑亦少不得指点。我在姨母家时，每日有表哥来指点我读书，也不过是诵些诗句。如今李氏为了把我栽培成花中丹魁，严加督教，不曾马虎。我每日要临帖子一百张，诵诗词十首，习练两个时辰的琴。李氏还要为我寻唱曲儿的先生。香袅兽炉空作篆，茶蘼开谢闲庭院。日子如此，从裙袂水袖间溜走，我知李氏定要我成为这秦淮河畔的一株仙姝，承其衣钵，扬其声名，也为自己攒个迟暮钱。像这种靠脸蛋儿过活的行当，也不过是图个几年的风光。青春一过，便什么都不再了。零落成泥碾作尘，香不如故，怎惹蜂蝶翩翩。而我，经历巨变后，也不过图个安生日子来过，老大嫁作商人妇，有一个依靠，能够在这偌大的城中寻得一隅藏身，一生便是如此，纵是悻悻而往，也是幸事。

我长到一十三岁时，正是豆蔻花季。李氏在我生辰日特意邀了江南名士做出闺宴。我还颇为羞涩，怕场子上人多，迟迟不肯出席。李氏把我拉到自己的房间，一字一句地对我说："香君，你从八岁来我媚香楼，至今五载矣。寒冬酷暑，我未曾耽搁一日将你调教，为的只是有朝一日你能出现在此宴席上艳绝秦淮。你虽和我待了不少日子，却未必解得我的心思。我若不是要争一口气，又怎能有今日造化。我不晓得你从前经历过什么，我未差人去打听，也没有找你来询问。只要你每日刻苦攻读技艺便好，我又何须多言惹你不快。只是今日我便要你知道，你从前那些黯然不是躲藏便可终了的，你也要学着我，为你自己争一口气，哪怕以后为娘的去了，这秦淮河畔总有我们媚香楼的位置。"

我自是知晓的，这歌这舞，这诗这画，都是为我日后铺路。我一步步走到现在，便是没了退路。

"娘亲，这些道理香君自是知道。只是奈何宾客众多，又都是大儒名士。女儿只怕失了分寸，乱了规矩，故才有些怯意。"不知为何，对于这种热闹的场合我总是没有什么安全感。纵然今日这筵席是为我而设，也无论如何都觉得自己如身外之客。

"香君竟乱了手脚，这倒是有趣得紧呢。"贞丽表情缓和了许多，笑着拍手对我说，"这有什么的，平日里见你成熟稳重，以为你一切心中有数儿。如今怕了不是？末了，你便随为娘的来，娘叫你做什么你便做什么，甭管别的。"

说罢，李氏牵着我的手便往外间走去，不知转了多少回廊，终于到了主厅。这一路我不知走了多久，原先熟悉的庭院风情，如今竟觉得如地狱光景。

"各位爷们，我们香君来了。"甫一进了前堂，李氏便朗声把那些杂声压了下去。但见无数目光投向了我们，我不禁满脸羞红。"今儿这宴啊，就是为我们香君办的，各位能赏脸是我们家姑娘的荣幸。来，香君，快给各位爷行个礼。"

"各位爷能来，是奴家的福分，奴家这厢有礼了。"我娇羞地说着，觉得左也不是，右也不是，扭捏裙摆，低眉顺目。

"李姑娘真是天香国色啊，哈哈，丽娘，你倒是出乎了我的意料，竟偷着养了这么个小天仙。人非草木皆有情，这香君之美貌，真是想让我等一品芳泽啊。"席间出来一位儒生打扮的人，面色发红，一看便是嗜酒之辈。他言词粗犷，带些流氓习气。我心中生厌，却不好发作，毕竟今日所来之人，都是我的座上宾，若是轻易驳了谁的面子，只怕让贞丽也不好过。我便只是低着头，默默无语，看贞丽如何打发他。

"唉，我说陈爷，这种话您也说得出口，可别吓坏了我们香君。"贞丽满面笑容，没有一丝愠色。"来，香君，这是陈公子，他就是喜欢捉弄人，你可莫要被他这样子给骗了。"说着，便兀自笑作一团，周围其他女眷见了，也跟着笑了起来。在我看来，贞丽笑的时候是最美的，她今年二十三岁，正是一个女子最绚烂的季节。花开到鼎盛，便是花期将尽之时。其实我是想不出来贞丽老了会是什么样子。她的眼睛是狭长的丹凤眼，一瞥眼一流转，满是风情。她面色没有我白，却是泛着粉红的健康。真叫人忍不住赞一句面如桃花。

"陈公子真是谬赞了，"我也笑着说道，"香君初出茅庐，还不懂规矩，若论相貌怎么比得上娘亲。如此说辞，真是消受不起呢。"

未待那陈公子再多言语，贞丽早已接过话头："我这女儿啊，就是怕生，你们看这娇俏模样真是惹人怜爱，来，香君，给诸位唱个曲儿啊。"

顺着贞丽的意思，我便唱了一个小调，是易安的《鹧鸪天》。曲调婉转，我亦嗓音清灵。贞丽笑着点头，席间掌声喝彩不断。他们夸赞我的容颜，我的歌声。美貌女子，便如一件珍贵器物，得人宠护。清瞳剪水，百媚横生，舞了惊鸿照影，歌了百灵跃丛。烟花妙部，风月班头，这秦淮风流冢的戏从此便由我来唱了一角。只是不知此时登台，又会何时散场。只怕自己人老珠黄，惹了一身的笑话，暗淡离散。

第二节　风亭月馆莫辜负

我第一次遇见侯朝宗的时候，是十六岁的清明。李氏的姐妹卞玉京主会暖翠楼，他与柳先生同来，借的是寻访佳丽、邀共踏青的由头。李氏说那侯公子是为了我来的，我不信。我没有正眼瞧他一眼，懒懒地倚在栏杆上远眺。秦淮河水虽是洗了百年的胭脂，却还算清澈。午时风吹过，抚着面颊，痒痒的，细滑凉爽。我的汗巾不小心从手中脱落，然后就被他拾了起来。我不是有意的，他却暧昧地笑着递给我。我闪躲着侯朝宗扑面而来的温暖，欠着身施了礼便称身子不适，回了自己房里。

从此他便时常来这寻我。我只道是纨绔子弟来寻乐子。然而他到我房间却并不与我嬉笑打骂，不似其他附庸风雅借着与美人切磋技艺的由头而来却丑态百出的人。有时他只是一言不发的听我抚琴。他的侧脸刚毅，鼻梁挺直，唇线紧抿，偏偏一双眼睛生了长长的睫毛。我小时听说长睫毛的男子易动情，还爱哭泣，想到此处，不禁笑出声来。他抬起头看看我，一脸迷茫，眼神中却透着惊喜。

"姑娘莞尔，不知所为何事？"他斜过脸说着，"我从前以为李姑娘是个冷美人，寒冰玲珑美，却是一身傲骨。小生便常常想着如何博佳人一笑。如今美人自展笑颜，倒真是解了小生的忧心事了。"

我听罢又是一笑："奴家失礼了，不过公子倒真是能哄弄奴家。好话可是都说尽了，若是以后有人再夸奖，可就没什么高兴劲儿了呢。"

"哦？若说侯某嘴皮子利落，到也还可以。姑娘倾城之姿，饶是呆子傻子见了也要哄着佳人开心。只是从前还真是不好摸清你的性子。若是贸然询问，只怕唐突了。如今姑娘可是想起了什么有趣的事儿？竟然笑的如此开心。"

"真是不知道从前竟然如此失礼呢。既然侯公子喜欢奴家多笑些，那便多笑好了。哪有公子您说的那样珍贵。"我不知自己在他心中竟然如此冷漠，便只得此时挽回，"只是刚才冒昧瞥见公子的侧脸甚是俊美，想起了一些童年趣事罢了。"

"哦？"他挑了挑眉，"倒是不知道姑娘的童年趣事为何事？"

"都是小孩子家的玩意儿，好难为情的。"

"无妨，姑娘不妨讲讲。"他正了正衣襟，摆了个洗耳恭听的姿态。把我弄得不禁又是一笑："我幼时生长在姨母家，从小便和表哥亲近。他性子活泼，长得也颇为俊美，小的时候常被人误做女孩子。他很是爱护我，却比我爱哭。每每摔倒了，或者磕碰到哪里了，便哇哇大哭起来。有一次啊，我在假山上玩耍，许是青苔长得茂盛了些，我一不留神竟从上面跌落下来，疼的直哭。他见我受伤了，心中想要安慰我，便寻了棍棒来猛力敲打假山，边打边在口中喊道，'让你摔我表妹！让你摔我表妹！'未曾想棍棒粗重，竟然不小心一拳头砸在了假山上。这一下可把他疼得不得了，也和我一同哭了起来。后来听家里姆妈说，眼睛睫毛长的孩子都爱哭，我们去看了看表哥，还真是这样的呢。"

"姑娘最后说这睫毛长之人易哭泣？"他若有所思地看着，我被他盯得不好意思，便扭过头去："这都是小时的姆妈说的，想是并不可信，若有得罪，还望公子不要见怪。"

"这有什么可得罪的，姑娘睫毛便很长，只是看姑娘如朗月清风，每日并无烦忧之事，可见还是应多欢笑。"

"我还真不知道自己睫毛长短呢，我每日不过读书写字，弹琴唱曲，单调却也快活。只是偶尔也有闷得发烦的时候，又怎会没有忧愁之事呢。"想想每日都要在园子里重复这些事情，不觉有些许黯然。我不知道别家的姑娘都是怎么想的，想必也是春闺寂寞，不然怎么会有墙头马上这样的风流传奇呢。

侯朝宗见我似是突然失了兴致，便又和声道："姑娘若是想出去游赏，侯某可以效劳。只是不知姑娘觉得小生的睫毛是不是算长的。"

我面上一羞，只觉得这样真是有失矜持。不过见他满是愉悦，便说道："公子真是为难奴家了。这离得好远，怎么好仔细打量。"

"姑娘何不靠近些来瞧瞧。"

"侯公子，这……"

"姑娘不过来，那侯某就冒犯了。山不就我，我便来就山了。"说着，他便靠了上来。我无处闪躲，便也做出仔细端详他睫毛的样子。其实早就看过了，又怎需要再看呢。只是此时他闭着双眼，安静得像熟睡的孩子一般。

"公子的睫毛倒是颇长的，竟如女孩子般呢。"

"侯某虽然睫毛长，可不是无事便痛哭流涕之辈。"

"那便是有事就痛哭流涕咯。"

"哈哈，姑娘竟然打趣起侯某来。"

他爽朗大笑，浑身上下满是正气。我看着他，想着其他的事。

听闻他历代簪缨，累朝世胄，祖为太常，父居司徒。却只因闯贼横逆，就试南闱，不幸名列孙山。烽烟未靖，只得寄身水滨，侨寓湖边，每日惟赋诗饮酒，以为娱乐。

我知道他的不甘，我又何尝不把无奈藏于心头。我与他出身何其相似。侯氏世代亦与东林交好，家仇未报，怨怒难消。只惜那人世事，几完缺。奇谋报国，清君侧，可怜无用。瘦马秣败草，雨沫飘寒沟。忧眠枕剑匣，客帐梦封侯。而你侯朝宗一介男子，大可抛头露面，交游结社，集或儒或莽之力，挽尊雪耻。想我不过贫弱女子，无依无靠，手无缚鸡之力，便是再有凌云壮志，也只如燕雀扑棱翅膀，难以扶摇直上青天。

第三节　空闺机杼女叹息

"侯公子往长板桥这边儿来了，香儿你准备下。"贞丽敲了敲我的房门，把我的思绪拉了回来。他大概有些日子没来了，也不知在忙些什么。这长板桥在秦淮河院外数十步，旷远芊绵，水烟凝波。每当夜凉人定，风土月朗，名师倾城，簪花约鬓，携手闲行，凭栏徒倚。若是某位才子遇了某位美姝，自当言笑晏晏，吹箫调瑟，妙曲连连。临了夜幕，万籁俱寂，游鱼出听，全然美事一桩。这旧院对面便是贡院了。逢秋风桂子之年，四方应试者毕集于此，结驷连骑，选色征歌。如此一来，便常有风流韵事传出。只可惜才子总要归故里，便难免那歧路分袂之事频出。我心下黯然，对于侯公子的到来，竟少了期待。终归是没什么结果，也就不要多费什么心思了。

我换了件素淡的水色罗衫，慵懒地重新挽了挽发，便下楼去迎侯公子。侯朝宗甫进屋子，便朗声道："平山栏槛倚晴空，山色有无中。手种堂前柳，别来几度春风。文章太守，挥毫万字，一饮千钟。行乐直需年少，樽前看取衰翁。今日我看这天儿这样好，想着最近也没什么事，特来寻李姑娘游玩，不知李姑娘可有这兴致？"

我见他兴致勃勃，也不好打断。刚刚忆起不堪往事，心中煞是难过。侯朝宗虽也与我一样家道中落，却身为男子可以重振祖业。而我却卖身为伎，飘零在这秦淮，隐姓埋名。他似是见我并不喜悦，关切问道："姑娘可是身子不适？"

"侯公子快坐下歇着。您是多虑了。奴家不过最近休息不好而已，稍加调试便可。"我淡淡回道。

"那怎么行。姑娘不知为何事忧虑，不如和侯某说说，看看能否帮上忙。"侯朝宗看着我，一脸关心。他今日着了一件白色长衫，衬得面色如玉，很是精神。他眉飞入鬓，鼻梁高挺，很是帅气。

"不劳公子费心了。"我依旧语气平淡，低眉顺眼，不像从前那般健谈。"奴家身子不适，怕是不能陪伴公子出去赏玩了。"

突然帘子掀了起来。"香儿是怎么了？"李贞丽从后堂进来，"刚才瞧还好好的，怎么见了侯公子反倒身子不济了。"

我见贞丽硬是把我往他那里边推，也不好直接反驳，只好先说个缓和话儿了，便道："刚刚瞧着楼下有姑娘背着梨花诗，想起从前姨母家院子里有两棵梨树，便有些思念自己小时候的日子了，所以心里不舒坦。还望公子不要见怪。"

"李姑娘哪里话。侯某近来正好有大把时光，如果姑娘不嫌弃，不如与我出去游玩一番，也解忧抒怀，调试一番心情。"

我想起前几日自己和侯朝宗说起我的心事，如今他便提了出来，知道他是为了我好，想要我多出去散散心。他这一副谦谦君子的诚恳模样让我不知道再说些什么。我知自己没法子再拒绝了。我朝李贞丽的方向看了看，她也正笑眯眯地打量着我。我知道她就是有意将我和侯朝宗撮合到一起去。我不知如何是好。我想起自己从前被姨娘许给了表哥，可是最后家中被抄，姨娘去世，表哥便再没了踪影，也没来寻过我。

我抬头看了看眼前的李贞丽，又望了望坐在自己身旁的侯朝宗，一时不知道说什么。他们二人见我神色恍惚，满脸焦急。

"香儿，你是不是身子不适啊。要不要回房里休息？"李贞丽给我递了一杯茶，"可是昨晚没休息好？香儿不要总看那些费心思的书了，这样一夜一夜的休息不好，为娘的可是心疼。"

我摇了摇头："不碍事的。"我知道自己是想起从前的事情，突然有些伤感罢了。

"不如李姑娘休息下吧，小生便不在此多做打扰了。等改日再来寻姑娘。"侯朝宗起身作了个揖，"侯某先行告退。姑娘千万要保重好身体。"

我想了想，他走了也好，正少了一件烦心事。这李氏每日让我与他多多相处，怎知我心中虽然对侯朝宗有些好感，却不愿参与其中。

侯公子走了，我便回房去歇息。不多时，李氏便进了我房里。我原本躺在床上，见她进来，忙起身相迎。她快步走到我窗前将我按下，又坐到床沿上，道："唉，快好好歇着，这要是病了可怎么好。"我便依言倚着床。此时我着一身素服，大概衬着神色更加憔悴。

"香儿啊，你叫为娘如何是好。只是不知怎的，突然你这身子就弱了下来。现下还未及晌午，我一会儿差人端些菜饭过来，你想吃什么，调理一番胃口，可别像从前只吃那些太素淡的，虽说是养生，可也要适当地补一补。"李贞丽捉住我的手，紧紧地握了握，我垂下头去，露出一段洁白脖颈："娘，我只是因着天气酷热，有些眩晕虚弱罢了，不碍事的，您可别费心。我本就喜食素淡的，若是突然换了大鱼大肉，一时适应不过来可怎么办呢。"

"香儿啊，为娘的还不是心疼你，我真是把你含在口里都怕化了，就是为了你有些小姐心性，以后可别来了流氓小辈便给你骗走了。好在你本就出身高贵，端着那婷婷之姿，也颇有风度。"

"娘，你是来安慰女儿的还是来打趣的。"我见贞丽又开始说起我的夫婿之事，只觉头疼。

"好了好了，你啊，就是放不开。成了，我也不和你说这些，你且好生休息着，我晚些再来看你。"

我见她要走，便起身又要相送，她连忙摆手制止了："你快听娘的话好好歇着，不用起来了。"

言罢，她便径自出去，帮我把原本掩着的门关好。

我自己一个人躺在床上，不多时便也恍惚睡了过去。再醒时，已是夕阳西下了，满室都是黄绯色，似是蒙了一层纱。我睁着眼睛看着桌子上摆着的花瓶。那是一对缠着金丝的景泰蓝瓷瓶，我记得从前姨母家里也有一对瓷瓶，但是却比这对高得多。我那时身量还不及瓶颈处，有时候和玖儿玩儿捉迷藏，自己便藏着瓶子后面，后背紧贴着墙壁，以为玖儿找不到我。可是玖儿可是玩捉迷藏的好手，她清楚家中每一个死角，所以总是很迅速地找到我。其实我一直以为自己藏得很好，结果有一次玖儿和我说："表姐，其实我就算不知道哪里可以藏人，听着你的声响也大概知道你藏到哪里了。"

"每一次该你来藏我来找的时候，我闭上眼睛总能听到你往西面跑，那西面除了描画堂，便没有别的屋子了，我想你天生珍爱皮肤，总是不会去那草丛里给蚊虫叮咬，便料想你定是去了描画堂。那堂上有些什么呢，除了那对大花瓶后可以藏人，便没有什么能遮住你的了。"

我一直以为是这捉迷藏只消待人藏好后，自己去寻便可以了，没有想到这中间竟然这么多的玄机。记得当时玖儿笑得十分灿烂。她有两个小梨涡，再加上本身肤色赛雪，眼睛虽然算不上有多么大，却是弯弯的长长的，如小月牙一样。她表情狡黠，像一只小狐狸，得意地说着自己是如何轻而易举地找到我的。

想着想着，我不禁开始泪流。现在除了屋子外面偶尔有走动的声音，实在是安静得很。小的时候我便时常自己一个人窝在屋子里哭，因为思念母亲。现在我思念的除了母亲，还有姨父姨母，表弟表妹们。离开我的人越来越多。我不知道玖儿去了哪里，若是没有如表哥一样逃走，那大概便也是殇了。

第三章

才子佳人，徘徊婉拒，但愿君心似我心

伫倚危楼风细细，望极春愁，黯黯生天际。

草色烟光残照里，无言谁会凭阑意。

拟把疏狂图一醉，对酒当歌，强乐还无味。

衣带渐宽终不悔，为伊消得人憔悴。

第一节　伤怀不在高楼上

这时有人敲了敲门，我赶忙擦去眼泪，问了声是谁，门外应道："回香姑娘，奴才是侯公子的书童，侯公子今晌见您气色不好，特差我来给您送些蜂蜜。"

我整了整衣衫，起身去把门打开，只见一个大约十一二岁的男孩子恭敬地垂首立着，他见我开了门，便把手上捧着的小瓷罐奉了上来，"小姐，望您收下，这是我们家公子的一番心意。"

我知道近来侯朝宗正忙着复社之事，手上银子也紧。他自打出来赶考，被那当朝阉人暗中坑害后，便直接来了南京莫愁湖畔住下。正赶上兵荒马乱，尚未与家中书信通消息，便只得靠变卖字画来糊口。好在他本就才华横溢，能书能画，日子久了，便在南京结交了许多名士。我本不愿与侯朝宗深交，纵然他是一个好归宿。然后现今看着他的贴身小童竟然能直接到我闺房来送东西，定然是前面的人应允的。收了他的东西，这日后便更不好拂情面了。

"劳您费心了，还这么远的跑一趟。只是这公子的东西我是不能私下收了的，若是让我娘知道，怕又是一番责骂。"

"小姐多虑了，我来时见了李夫人，已经与之知会此事。"小童依旧是恭敬，只是把手上的小瓷罐子又向前送了送。

"既然如此，我便收下了，还劳烦回去和你家公子道谢，小女子身子不适，改日再登门造访。"我伸手把那小瓷罐子接了过来。小童见我把东西收下了，也是长吁了一口气："如此，那小的就先告退了，小姐您仔细服这蜂蜜。"说完，他便转身离去了。

我回了房间，听着渐渐远去的下楼梯的声音，不知如何处理这手中的瓷罐。我把罐子放在桌子上，坐了下来。这刚才小童的话着实蹊跷，还让我仔细服用。只是不知道如何个仔细法儿。莫非是这瓷罐中另有玄机？我想着，便把那罐子的盖子掀开。只见上面写着："琴瑟在左，丹青在右。徜徉其间，乐何如哉。"原来竟是这么个巧妙法儿。我见那小瓷罐中蜂蜜，想起小时候背过的诗，"不论平地与山尖，无限风光尽被占。采得百花成蜜后，为谁辛苦为谁甜？"

我从小喜食这些甜味的东西，若是就着桂花来喝，滋味更是甘醇香甜。每至金桂飘香之季，我便会让降真去园子里收集一些桂花回来煮茶，之后再加几滴蜂蜜，实在是人间至真至美的享受。现下已是暮夏，桂花还没开熟，那么我也只好把这蜂蜜先存上一存，等到时候再煮了蜂蜜桂茶，宴请众人。

侯朝宗的十六个字是用小楷所书，一板一眼，倒真不像他平日作风。我与他见了这几次面，只觉得此人虽是读惯了圣贤书，却没有那么死板的夫子相。言谈举止无不透着风流气概。

我找了一张红笺，提起毛笔，想了一想，便写道："荒尘凝坐，遗像长悬，梵呗斋钟，空山答响。"

他若真是懂我，那么便该知道自己退散，我虽是李贞丽唯一的养女，以才貌冠绝秦淮，却是全意向佛，心如死灰。

只是这侯公子送我一罐蜂蜜，我单单回这一绝情笺实在是有违礼数。想了一想，我便把自己养在书案上的盆栽取来，将那红笺叠作小花模样，别在了上面。转身出门唤了一直侍候着我洗漱沐浴的丫鬟小玲："你把这盆栽送至莫愁湖畔的侯公子寓所，送完便赶忙回来，可别在外面玩耍。"

小玲应了一声，转身就端着盆栽出去了。此时夜色已有些黑了，看着小玲出去，我突然有些后悔，若是这路上遇了歹人可如何是好，然而刚才一时性急，竟然忘了这码事，现在唤回也来不及了。好在不到一个时辰小玲便回来了。我问她侯公子可有什么嘱咐，她摇了摇头，说道："公子只说要小姐先养好身子，他过几日再来拜访。"

就这样过了两日，我一直卧床不起，什么客人都不见。李贞丽见我病恹恹的，也不能硬逼着我来。每日三餐她都会亲自送进我房里，与我共同进食，也是变相地催促我多吃些，好早日恢复元气。这几日都没有侯朝宗的什么消息，因着这个，我也图了一个清静。李贞丽反复要为我寻个大夫看看，都被我推辞了。末了，她也根本不问我的意思，把我直接叫到前厅，说有郎中要给我开几服药调理调理。我见人已请来，不好再让他回去，也就梳洗打扮一番，下楼去了前厅。

那郎中取了一块丝帕敷在我的右腕处，把手搭上，沉默着为我把脉。我只觉昏沉沉的几欲睡着。他又让我把左手拿上来，把丝帕敷在左腕处。末了，他又看了看我的舌色，然后转过头对着一脸焦急的李贞丽说："夫人，这小姐的病，可是可化大可化小啊。"

"哦？先生快细细说说。我这女儿每日无精打采，真是让人担心啊。"

"这小姐的病是郁气中结，一股燥火所致。大抵是天气炎热，酷暑难耐，而小姐本身不容易发汗，再加上近来可是有什么烦心事？"

我见这郎中大有一探究竟的气势，便赶忙说道："是了，先生说的倒是实在。奴家不打小便不易发汗，再者每日闷在屋子里觉得很是束缚。"

"哦？小姐要勤加走动，不然这血脉淤堵，便会头昏脑涨，神思恍惚。"那郎中说道。

我听着郎中说了这话，心中大喜，抬起头来看了一眼李贞丽，正巧对上她看我的眼光。我抿嘴一笑，李贞丽无奈地摇了摇头，嘴角却也含了笑意。她大概是明白了我心中所想，便说道："如此看来小女并无大事？刚才先生所说的可化大可化小，只是不知道这是算了化大还是化小。"

第三章　才子佳人，徘徊统拒，但愿君心似我心

"刚刚是老夫多虑了，"那郎中抚了抚自己的胡子，"若果真如小姐所说真因为久坐居室，难得活动，那便没有什么。只怕小姐是心中忧虑另有其他，这便不好说了。"

"无妨，我这女儿的心思我也不懂，当娘的也是惭愧。您且说说若是思虑过度会有何后果？"

我抬眼看了看李贞丽，只见她此时一脸严肃，见我望了去，只是淡淡地扫过，并未与我眼神相接。我心道不妙，这李贞丽是要旁敲侧击，让我绝了别的念头。只是不知道我又有什么别的念头。我的命早就是她的了，她要我怎样，我便怎样，虽然现下侯朝宗一事确实是让人头疼。一想到从此又是一番折腾，心中便觉得很累。

那郎中见李贞丽如此说，似是有所察觉我与李氏之间有些不可告人的事。刚刚他劝我多加总动时我表情天真无邪而又是发自内心的高兴，大抵他也看在眼里。他微一沉吟，说道："夫人无需担心，这小姐虽是整日无精打采，但是面色却是不错，可见脾胃调和甚好，脾脏还是很健康。若是思虑过度，这最先伤的便是脾脏，进而食欲缺乏，面色发黄。小姐如此美貌，可是要好生保养，习些驻颜健身之术啊。"

李贞丽见这郎中未说出什么骇人的后果，知道我并未得了什么难缠病症。她起身命人取了一些银两，交付给了这郎中，郎中把这银两收入袖内，转身又向我一拜："小姐身子虽无大碍，然后消极避世，也不是长远之计。老夫见小姐眉间神色淡漠，可见是无心生计之人。如此虽不会伤及内脏，日子久了却会使肌体发锈。夫人，不如让小姐多出去走动，每日需要两三个时辰，不然日子久了只恐小姐的避世之心更盛啊。"

我见他朝我施礼，也便起身回了一礼，知道他这算是为我说情，心中十分感激。李贞丽见这郎中为我说情，饶是不想依我，奈何却怕我日后真有什么毛病。便上前拉着我的手说道："香君，既然先生都这么说了，我便允你每日出去逛逛。只是要让小玲和车夫跟着。你最好再寻几个姐妹，这也不怕出差错。"

我知道李贞丽是怕我在外面私会他人。她千辛万苦地为我寻觅到了侯朝宗这样的才子，虽人人都道我二人匹配，只是每当他对我殷勤时，我便会想起表哥。我怕又有人再如表哥一般说要护我周全，却从此消失不见。我心已如此，又怎么会再去寻他人私会。李贞丽饶是将我养大，却当真不懂得我的心思。

"多谢母亲，女儿记下了。有劳先生提点，您慢走。"我摇了摇李贞丽的手臂，然后冲着郎中点了点头，"承会，把先生送回荟草堂。"

第三章

才子佳人，徘徊婉拒，但愿君心似我心

第二节　清露泣香寂无踪

见那郎中跟着承会走了，李贞丽便把我拉着到了她的房里。但凡遇上要到房里说的话，必是关于侯朝宗的。我已经知晓，这次必然又是和那侯朝宗有关。

果然，刚进了房间，李贞丽便急匆匆的把房门关好，又拉我着了椅子坐下。我还未坐稳当，她便对我说："香君，你可知我为何不愿让你到处瞎跑？"

"香君知道，现在世道乱，朝廷乌黑一片，北边也不消停。娘是怕香君为歹人所害。"

"唉，我知道你是不中意那侯公子，可是香君啊，侯公子人品才貌样样是上等，你又有什么不情愿的。他可是娘给你选的好夫婿啊。你现在每日四处乱跑，若是被那侯公子知道了，又会怎么想？"

"娘，为何女儿偏偏要嫁。"我见她识破我的左右言他，知道这次在劫难逃，所幸挑开来明说，"娘，女儿不是嫌弃那侯公子哪里不好，他是娘您亲自选的，您阅人无数，想必是错不了了。那侯公子待我也好，只是女儿只想留在您身边。从前女儿想随意嫁了个人便算了，只是如今朝堂动荡，女儿从小失了亲人，如今您对我视若己出，女儿是当真想侍奉您一辈子啊。"我说到激动处，竟然险些哭出声来。这些话确实是我心中真实所想，这么多年我一直和李贞丽相依为命，她除了教我才艺外，便没再任何事上逼迫过我，我喜欢什么吃的，她便把家里口味都调成那般，我喜欢穿什么颜色的衣服,她都为我亲自去置办,样样合我心意。我早就习惯了在她身边安安稳稳地过日子。我知道自己本不是来白吃白喝的,只是这样的鸨母实在难得。我偶尔接个客人,在她的调教下也渐渐变得会说些讨喜的话,多得些银两,她都是睁一只眼闭一只眼,没有收走,让我攒了私房钱。现在她又为我谋划姻缘,我知道她定能从中牟利,只是我一时当真是想象不到要和除了表哥以外的男人过一辈子。

我记得表哥七岁那年问我:"香儿长到降真那么大的时候会是什么样子呢。"我当时还和他打趣,现在再想想那个喜欢穿宝蓝色长衫的小男孩,好像我的童年全是他的影子。这么多年,我便是凭着他且生死未卜,或许早晚会来寻我的念想活过来的。然后十年过去了,还是一点儿消息都没有。我羽翼未丰,曾偷偷花了钱财让人去打听表哥的下落,却被李贞丽逮个正着,我不知道李贞丽从那人口中知道了什么,不过她过后并未来盘问我。而我却再未见过那个人。

从那时起李贞丽便对我禁足,不许我独自出这大门一步。偶尔有什么花会茶会,她也是紧跟在我身边。如此,我便早早的绝了再偷着去打听表哥消息的念头,然而心里还存着小小的希望,希望表哥能够从陈阿实和柳娘那里知晓我的下落,然后快来寻我。现下李贞丽逼我早早地嫁给那侯朝宗,怕是想要彻底让我断了这样的念想。

只是她并不知道,其实我也早已把她当做我的亲人,就算是现在表哥来寻我,我也不会不辞而别,那样不知报恩、无情无义地离开她。

"娘,您越这么逼我,我越想要离那侯公子远远的。"我平复了一下心情,对李贞丽说。

李贞丽大概也是见我言辞恳切,心也早已经软了,她把我搂在怀里:"香君,唉,香君。"

她唤了我一声叹了口气,接着又唤了我一声。"那日侯公子走后差人

第三章 才子佳人,徘徊婉拒,但愿君心似我心

049

送来蜂蜜，我便知道他对你的心思是真的不一般了。也不知你是怎么回的他，竟然接连数日，他都没有来这媚香楼。我觉得其中有异，便取了一坛子好酒差人送去，顺便打听个大概，没有想到这酒倒是多余了。听他家童子说，侯公子自那日起便把自己关在房里，每天都喝得酩酊大醉。我是以为在你这处受了打击，没想到你竟然也是神思恍惚，卧病在床。"

我听闻侯朝宗竟然每日把自己灌醉，竟然有几分心疼，想想他那风流倜傥的君子模样，不知道发起酒疯来又是怎样的。我皱了皱眉，想起自己那日在红笺上写的那十六字，觉得自己是做得有些过分了。那么刻意的回绝，大概他也真是认真了吧。

"不瞒您说，女儿已经回绝了侯公子了。"

"什么？"李贞丽一个反问，"这是为何？你又是何时传的这个意思，我怎么不知道。"

"就是那日我差小玲送了一个盆栽给了侯公子。"我站起身来，走到窗前，"我把红笺叠做小花状，别在了上面，许是侯公子看见上面的字了吧。"

"女儿啊女儿，"李贞丽上前一步，"唉，你怎么也不知会为娘的一声。"我心中冷笑，我若是知会了你，哪里还能把这盆栽送出去。

"娘，大概侯公子是会错了意。"

"你倒是说说你就究竟做了什么糊涂事！你上面写了什么言语？"

"娘，我只不过在上面写了十六个字：'荒尘凝坐，遗像长悬，梵呗斋钟，空山答响'。"我回道。

"好一个荒尘，好一个遗像，你这是咒我去死么。"李贞丽睨着我，此时她倒是冷静下来了。我是一向很佩服她自我平息怒火的功力，可我这消极之语本就是为自己所写，她这样扯到自己身上，无非是想要我自己辩清，给她一个说法。可我若不说这只是自己一时失误之言语，她定是不可罢休。然而我心意已决，不愿再把自己弄得里外不是人，既得罪了侯朝宗，又得罪了李贞丽，于是便说道："娘，请恕女儿不孝，竟然写了这般荒诞言语让您多心。只不过这确实不是咒您，若真是说咒，便是咒我自己吧。娘，我八岁跟了您，您也知道我满门皆丧，我看着自己亲人一夜之间全部离我而去，看着自己从前住的房子如今空空如也，您可知我是什么感受。曾经我姨母家的表哥与我已订下亲事，而现今却可能已经没了性命。人事苍茫，万般由不得自己。烟雨浮沉，何不安稳度日，果有青灯古佛做伴，也是一种造化。女儿心意已决，只想终身不嫁。"

"好个终身不嫁。我倒要看看你有没有这般能耐。"

"既然如此，女儿便先退下了。"

说着，我施了个礼，便转身离开了李贞丽的屋子。不知道李贞丽作何感想，如今又是什么表情。只是我这话既然说得出口，定然是心意决绝。她若还是逼迫我，我便是一刀了断了自己也可。

第三章

才子佳人，徘徊婉拒，但愿君心似我心

第三节　软草平莎过雨新

虽然我与李贞丽起了争执，然而第二日清早，小玲便端着粥和几样小菜进了我的屋子。我已起床，倚着床头捧着戏本子在看。她进来见我已经醒了，满脸喜色道："小姐您昨晚休息可好？竟然这么早便醒了。夫人命我前来给您送早餐，特意嘱咐我转告您，养好身子要紧。"

我听了这话，把书撂在一旁，起身让小玲服侍我更衣洗漱。昨晚回了自己屋子，我可能是因为忙了一天实在是累，与李贞丽因那侯朝宗的事情吵得又费心力，故而换了衣物，倒床就睡，竟然没有沐浴。"小玲，你帮我准备些洗澡水，我要沐浴，再把我那檀香焚上。"小玲见我突然命她做这事，便低头道："小姐，您还是先把这早食吃了。现在怕是没有热水，我吩咐下去一会儿就好。"

"也好，那便有劳您了。"我坐在桌旁开始吃早点，只见这几样小菜置办得甚是精致，都是我爱吃的素淡口味。那粥是拿各种谷类熬成的，我舀了一勺品了品，甜甜糯糯的，怕是熬了许多时候。

小玲见我吃得好，便也放下了心。我猜她定是被李贞丽吩咐着要在旁边看着我吃完，这种感觉虽是不好受，可是这媚香楼上下，哪里不是李贞丽的眼目啊。我倒真是插翅难飞，只能由着她了。

"小姐先吃着，待会儿我来取用完的餐具。"说完她便转身离开了屋子，又是留我自己一人清静。

吃完了早餐又在小玲的服侍下沐浴完毕，我把熏好香的衣服换了上。

这是前几日熟人陈定生差人送来的。这陈定生为人放浪不羁，为女子挑选的衣服倒也符合他的性格。一袭红裙，映得我人比花娇。我对着镜子打量着自己，心中甚是满意。

我下了楼，依礼去李贞丽房里给她请安。然而到了门口，却被丫鬟平雀告知夫人一早便出去了。我心下生疑，莫非这李贞丽是要存心给我脸子看？也罢，管她如何。正巧没人管着我，我便择几个女伴，去四处游一游也好。

孙楚楼边，莫愁湖上，有着垂杨几树，掩映傍水人家，绝似一幅天然画本。这便是侯朝宗的住所了。这里的景致，只是从前在他与我谈笑说听见过。他祖籍隶属中州，家居归德，夷门谱牒，梁苑簪缨，可谓旷世奇才。只是正赶上阉党横行，触了邪气，便只得落寞如此。

琴剑飘零，寄踪白下，乡关梗塞，遍地黄巾，烽烟未靖，家信难通，空自伤怀于异地，如此苦情境遇，被陈定生邀来同玩，也算是苦中作乐了。

陈生和我说，侯朝宗曾有一次酩酊大醉，抱着湖边石头便开始高声吟唱："莫愁莫愁，令人安得不愁乎。虽然人生行乐耳。富贵兮何时。"我一早便明白他是个落魄子弟，只是这言语中的一番豪情却不得不引我侧目。虽则如此，敬慕只是敬慕。我与他之间发乎情止乎礼。饶是我之前多有得罪，有些礼数却是不得不到位。之前他赠我蜂蜜，与我写了欲琴瑟和谐的诗句，却被我十六冷句淡淡驳回。想起诗经有云：投我以木瓜，报之以琼琚。匪报也，永以为好也。

这礼尚往来才成就男女举案齐眉之好事。他已经示好，只是我再不情愿，也不能将那蜂蜜原样奉还，倒不如自己做些糕点，择日差人送来。反正我也没有其他深意，他现下遭受了我十六字大吉，应该也不会再自作多情了。

我命车夫将马车停在路边，自己和好姐妹婉应一同下车走走。婉应是卞玉京的小姐妹，我从前便总是和她同习那书画。她娇俏可爱，在书画方面并无造诣，反倒是对琴曲很是上心，卞玉京原本也不指望她琴棋书画样样精通，如今看她挑了一样愿意仔细地学，便也由着她，不让她再学什么书画了。不过我与她也算是交好，在被李贞丽禁足之前，我常与她出去玩耍，就算是后来禁了足，也未曾断过联系。卞玉京处与我这媚香楼仅有一盏茶的路程，因此常常差小厮送些香笺与之答和。这婉应虽然不喜学什么书画，却很是愿意与我玩这尺素游戏，因着每次茶会花会之时，我与她相聚一处，总是笑声不断。

"姐姐，这莫不就是那侯公子的寓所？"婉应瞥了我一眼，眼光流转，很是勾人。"你啊，可少拿那些狐媚子手段来勾搭我，这语调，这神情，这姿色，换做哪个男人会不动心啊？"

我拿着扇子拍了拍她的肩膀，她又撒娇缠上我来："唉呦，姐姐打得我好痛，姐姐说我狐媚，那姐姐可就是贞洁烈女喽，我自是不敢姐姐端庄。"

说罢，她大概觉得自己这打趣实在是戳我痛处，便痴痴地笑了起来。我不愿嫁给那侯公子的事情，她是知道的，那表哥的事情，在告诉李贞丽之前，便只有她知道。只不过我与她说起时，也不过是点了点眉目，描了描影子，并未点明是谁，也未道这人如今流落何处。不过她到底是孩子心性，若是知道了什么隐秘趣事，便总是要跑前跑后地追问个不停，让我细细道来，我便只能把时间地点隐去，和她讲个大概。她不知道我是大宅院里出落的小姐，大概以为我也不过是什么奴仆的女儿，因为家中出了变故只得卖身于此。我也不愿意解释。好在她虽常拿此事揶揄我，倒是从未和他人讲过。

"你啊，可少要弄这些嘴皮子。走，你与我去湖边看看。今日正巧我娘不在家，我才得以溜出来和你玩玩。"

"你娘今早便来了玉京姐这儿了。"

"你怎么知晓。"

"你差人送信儿给我的时候，我正和李夫人还有玉京姐在一处呢，你倒是不知道？"

"我昨晚因着侯公子的事情和娘发生了口角，所以，唉，她怎么去了你那儿。你可有瞒好？她知不知道你是和我出来？"

"你放心吧，"婉应快走两步然后转过身来看我，小小的瓜子儿脸很是周正，"我出来可是李夫人允了的，她还让我好好陪陪你。那侯公子的事玉京姐也劝了你娘，只说这强扭的瓜不甜，且由你去了。"

"果真如此？"我心中大喜，"若真是这般，我还有什么好怕的。好妹妹，你可不知，这几日可是要把我逼疯了。每日我娘侯公子长侯公子短的，若只是夸夸也就罢了，还偏要把我许给他。侯公子对我确实是好，只是好便是好，一想到婚嫁之事，心里还是觉得不舒坦。"

"姐姐，这你可就是思虑过多了。那侯公子对你的好可哪里仅仅是好。我也想着有谁要是对我也这般好，我就是主动送上门去也是乐意的。"说着，她双手合拢一处，不知道在想些什么，只是呆呆傻傻地笑着，倒是面容甜美喜人。

"傻妹妹，你怎么这么傻。你可听过那个故事？"

"姐姐倒说是什么故事。"

"你且别急，我们去那湖边的亭子里坐着慢慢说。"

说罢，我便牵着婉应往那亭子走去。

"从前有一个名妓名叫杜十娘。这十娘有着千万积蓄，都收藏在了一个铸得紧实的百宝箱里。丽娘不愿当这娼妓，饶是风光，且在暗地里为人不齿，遭人凌辱。她既起了这从良的念头，便要寻那日后的归宿。终是有一天，一位相貌俊逸却是穿着落魄的公子路过此地，他见十娘美貌，便也生了爱意，于是十娘便要这书生为他赎身，这书生名为李甲，因遭族内人的排挤，所以迟迟未归故乡，如今见了这美娇娘竟属意自己，很是得意。奈何自己身上盘缠紧缺，无法出资为这十娘赎身。十娘见状，却是淡定异常。她要李甲去借高利贷，自己又拼凑了一些金银。于是李甲依言照办，终于十娘有了自由身。一日渡江，在船上一位富家子弟相中了十娘的姿貌，便在私下里约了李甲，要以千金之价把十娘买下。千金，这可是一笔大财富。李甲也是穷而失志，真是枉读了这么多年的圣贤书了。"

"什么，"突然婉应叫着打断我，"莫不是他答应了那富家公子，真要把杜十娘卖了？"

我也不答她这话。"你且听我接下来讲着。李甲回到了十娘处，见那杜十娘美貌异常，可是又不能吃不能穿，于考取功名也无益，更何况再有从良的心思，也是娼妇出身，于是便想着如何骗杜十娘，将她卖给那富家子弟。第二日，正是风起浪卷之时，那李甲邀了富家子弟在甲板上碰面，杜十娘一看这阵势，便知道发生了什么。她先是斥了背弃前约的李甲，又骂了那见色起意的富家子弟，说完便把一直带在身边的百宝箱拿了出来，当众打开，只见其中琳琅满目，全是珍宝，虽称不上价值连城，可是也够两个人富裕生活一辈子了。且说宝物刺眼，李甲见状深深悔恨，正欲重新求好，哪知杜十娘一怒之下把这百宝箱沉入江中。那箱子虽小，倒是重得很，刚一投进去，便不见了踪影。"

"唉呀，这可怎么办啊。"婉应又是惊呼，"那么多的宝贝十娘可就舍得？"

"既然投下去了大概便是舍得了。这人山人海，竟无一人可以托付，倒真是凄凉事。一生便是黄金无数，却没有真心待你的人，处处都是欺骗和背叛，要黄金又有何意义，要是我啊，便随着那百宝箱一同沉入海底，留在这世上也是痛苦。"

"姐姐此言差矣，"婉应见我如此，便又说道，"姐姐说是要随时驾鹤西去的气势，只是不知若是真是掉进水了，怕是要求生还来不及呢。"

"这些事情啊，也只有当事人当事之时才知道，我也不说这么凄清寂寥的话了，你一花季少女，听我这心如死灰之人胡乱言语，怕是也无望了。"

"姐姐是这段时间在屋子里闷坏了，才这么厌世的。也罢，我也不知该如何是好，只是还望姐姐能快些好，多展笑容啊。"婉应忧心忡忡地看着我，见我紧缩眉头，便用手为我舒展，"姐姐，你这是要学那西施么。"

"婉应莫不是说我东施效颦？"我回应道。

"哪里，姐姐才当真沉鱼落雁，闭月羞花呢，那西施虽是美人，我却没有见过，在这世上，姐姐可是我见过最美的人了呢。

"瞧你把我夸的。"我不好意思地低头，扭着裙角，"唉，我知道你是对我好，我与你这么多年的情分在，总是比过别人。"

"姐姐，你可别说了，对了，最后那李甲和那富家子弟怎么了？杜十娘可有投江自尽？"

"这我倒是不知道呢。这也只是个故事罢了，你也不要当真。"我见婉应还在想着那故事，不禁觉得有趣，便问道："若是让婉应来选，婉应会怎么做呢？"

"我会怎么做？这我倒是没有想过，一来我本就不能有那万贯家财，二来我从未动过什么赎身的念头。倒是姐姐可以考虑一下呢。"

"我？"我惊诧道，"我又有何去处呢？"

第四节　当年不肯嫁春风

"姑娘若是想要赎身，侯某倒是愿意效劳。"一个男声从身后响起。我回过头去，只见侯朝宗一身绛衣立在那里，身子颀长，面色有些苍白，衬得剑眉星目很是俊逸。他见我回过头了，嘴角翘了翘。

"李姑娘，缘何竟来我这寒舍附近游玩？身子可是好些了？"侯朝宗来到我身边，我见状赶忙起身："侯公子，香君不知您在，失礼了。"

"哪里，是侯某来得没有声响，怕是惊扰到姑娘了。小生在这先赔个罪。"说着，他俯了俯身子，然后用手中的扇子指了指我旁边的位置，"不知可否容在下坐着。"

我点了点头，说道："公子请坐。"他点了点头，便坐在我刚刚坐的那位置旁边。我依旧站着，他便仰着头看我。这时婉应说道："姐姐，我回车上取些衣物，侯公子失陪了。"言毕，她便转身离去。我知道她是故意这样，把我留在侯公子身边，于是便坐在了侯朝宗身边。他见我也坐下了，便笑了一笑。我心中尴尬，不知道说什么好，整张脸羞得只觉发热。他也是不说话，大概是见我面色绯红，竟然为我煽起了扇子，还是笑着看我。我低着头感受着他的气息，他离我这样近，我更是不好意思。"公子，你……你离奴家这么近，奴家怕热。"

"我这不正好给你扇风，若是离你太远了，这风力可就不够了。"

我见他又是玩笑，便抬起头想要和他理论，哪曾想正对上他的眼睛，我屏住呼吸，他定定地看着我笑道："姑娘还热吗？"

我猛地站了起来，说道："公子这是打哪里过来？"

"哦，姑娘来了这里，却问我打哪里过来？"

"公子不愿意说便不说吧，何必难为奴家。"我想起刚才他定定地看着我的样子，不禁面上又是一红，"公子，奴家出来已久，怕是婉应要等不及了，我见她去取衣物还不归来，现下想要去看看，先行一步了。"说罢，我施了一个礼，转身便要走，却被他突然抓住衣袖："姑娘且慢。"

我回过头见他抓着我的衣服不放，觉得这举动太过失礼，不禁有些动怒，便说道："公子自重。"

他见我不开心，便说道："姑娘，侯某无意冒犯，只是姑娘从未光临寒舍，如今正巧来了，何不去寒舍小叙。"

"多谢公子，只是我那女伴想是等我等得急迫，不如改日我再登门造访如何。"

"那又不知是什么年月了。"

"只是……今日未曾想竟会遇到公子，怕回去晚了家慈着急。"

"哦？"他听后笑了一笑，"若是李夫人那里，倒是好办，我且差人去通报一声即可。"

"这可如何是好，我那姐妹呢？我还是快快回去吧。"他见我如此执着，便不再多说："既然小姐执意如此，那我便陪着小姐同去寻你那女伴如何，正巧小生也是出来散散心，有佳人做伴实在是美事一桩，只是不知小姐可会赏我这脸。"

"公子言重了，今日本就是奴家的错，既然公子给奴家一个将功补过的机会，那么便一同前往吧。"

我与他二人走了大概一盏茶的时间，便到了我们下车的地方，只见婉应独自一人倚着马车，车夫却不见了踪影。我心下惊诧，便忙疾步走上前去询问："婉应，这是怎么一回事，车夫呢。"

只见婉应哭丧着一张小脸抬头看着我说："姐姐，我回来的时候车夫便不见了，我哪知道是怎么一回事，见你和侯公子在那边交谈也不好打扰，就只能在这里干巴巴地等着。只是左等右等，你不来，那车夫也是不来。可真是吓死我了。"

侯朝宗从后面走了上来，见婉应急得要哭，便也询问状况，婉应把那话又说了一遍，但见侯朝宗皱了皱眉，我心中暗道不妙，莫非是出了什么岔子？我这么多年都未曾离家如此之远，怎么来这一次便摊上这样的事情。

侯朝宗突然正色对我道："姑娘来时可曾见过什么人，你们离去时那车夫可有什么怪异举动？"

我见他如此严肃，便仔细回想，其实这车夫我从前并未用过，只是前阵子车夫元宝的媳妇生了重病，便让他回家了。来了这个新的车夫，我都没有问起过他的名字。如此说来，此人行事确实怪异了些。从媚香楼出来过了桥便是贡院，若是寻常人定会向西郊直接驾车去，然而这车夫却将我们带到了离东郊颇近的莫愁湖。侯朝宗本就喜欢清静，再加上文人习性，不愿与凡夫俗子为伍，便来了这东郊。莫愁湖畔景致虽好，却是杂草丛生，所以少人来此定居，价格倒是也便宜。可是如今这车夫未问及缘由，也不知晓侯朝宗与我的过往竟然直接就奔到这里来，实在是令人生疑。我想了想那人长什么样子，大概是长脸，皮肤发红，身量颇高，大概是北方人。他搀扶我和婉应上车之时，我只觉他臂膀结实，孔武有力。想了一想，我便对侯朝宗答道："我想他大抵是个北方壮汉，只是实在是记不清长什么模样。他脸倒是颇长，肤色发红……然后，唉，我可真是个没用的，竟然真是想不起来了。"

"脸色发红？我怎么不记得了呢，我觉得他倒是肤色颇为白皙。"婉应若有所思地答道。

"哦？如此一来可就有趣了。"遇到如此情形，我反而不慌张。特意把我送到这侯朝宗住处，只为我能有机会和这侯朝宗见上一面的，愿意安排这一切的除了李贞丽应该也没什么人了。只是为何这车夫竟然失踪不见了？莫非是想让我被迫在此留宿一晚？我心中想出来个眉目，也便放下了心，这若只是李贞丽使得法子，那也无甚大碍。总之是没什么危险的。

"李姑娘，我且问你，你是几时从家里出来的。"

"这……大概是辰时一刻吧。我梳洗完了便让小玲去唤车夫在外面等着我，然后去了玉京姐姐那里接婉应。"我想了想回复道："我想这大概都是娘做的，指使那车夫把我送到这里然后走掉，如此我便只能留宿这里了。"

"若是李夫人如此费心费力只为帮侯某留下姑娘您，那倒是好了。"侯朝宗笑了笑，"也罢，天色已晚，恐怕真要留二位姑娘委居寒舍呢。"

"如此，便多谢公子了。"婉应抢着答道，"还望包涵。"

"哪里话，二位且随我来。"说着侯朝宗便引着我们去了他的书轩。

这是一幢极其古朴的书轩，听闻是前代一位藏书者所留。只是这屋子里的书籍早已被迁走，等到侯朝宗来此时，只剩下一个空阁子了。因这本是藏书所用，因此有一间很是宽阔的屋子。这间屋子便被侯朝宗用来排戏。我从前只听说侯朝宗组建的复社中喜欢唱戏写剧本的颇多，未曾想今日一见，道具服装倒是齐全。我自幼被李贞丽调教着学戏，初来觉得每日练那苦功夫很是受罪，日子久了，登台在人前表演多几次，反倒觉得那戏里戏外转换的感觉甚妙，便也愿意在这上面多下心思。

第四章

凄凄别离，魂牵梦回，夜半之夜泪轻垂

醉别西楼醒不记，春梦秋云，聚散真容易。

斜月半窗还少睡，画屏闲展吴山翠。

衣上酒痕诗里字，点点行行，总是凄凉意。

红烛自怜无好计，夜寒空替人垂泪。

第一节　云山雾罩落枯井

侯朝宗见我如此喜爱这里，便说道："姑娘若是不嫌弃，可经常光临寒舍，这里因排戏的场子大，平日来往之人甚多，且大多颇有造诣。"

我心中欢喜，见他开口相邀，便也动了心思，只是贸然答应颇为不妥，便对他说："多谢公子盛情邀请，只是奴家还要回去与家母商议。"

"无妨无妨，姑娘慢慢思量，大可从长计议。"侯朝宗笑了笑，有种胜券在握之乐。我又何尝不知，若是将此事讲与李贞丽，她定是立马答应。

"二位可是饿了，我刚才差了兰秋去准备饭菜，应是准备得差不多了。"

"多谢公子盛情款待，奴家不胜荣幸。"

如此，我们便同去进了食，到了晚间，婉应称自己身子乏了，便回房中去睡了。我见她这般，便也随她去了。我有饭后抽一些时间读戏本子的习惯，饶是如今离家，客居于此，也没有忘了这码事情。便对侯朝宗说："不知可否借书房一观？"侯朝宗见我并未如婉应般意兴阑珊，也要回去休息，便笑道："自然可以，我晚间有饭后读书之习，只是这才刚用过饭菜，直接坐于一处读书恐是对身子不妙。小姐不若随我同去莫愁湖畔走走。

我便点了点头，说道："那便有劳公子了。"

我们行到湖边时，只见四处漆黑，寂寥无人，湖畔系了一叶扁舟。我见那舟扁长，便惊奇地跑了过去，将侯朝宗甩到了后面。侯朝宗哈哈大笑，我转过头去，见夜色中竟还是能看到他面色洁白，很是惊讶。我猜想他大概是常常闷在屋子里不出来，难见阳光，因而面色如此。我见他竟然取笑我，便不满地回道："怎么，公子为何如此爽朗大笑？"

他见我一副正经表情，更是觉得可笑，便道："只是从前觉得姑娘端庄昳丽，没有料到姑娘也有如此孩子气的一面，觉得可爱。"

"哦？公子说得倒是好听，只不过还是在讥讽我罢了。"说罢，我在湖畔寻了一块干净的草地坐在上面。

"姑娘小心夜深露重，"说罢，他竟褪下自己的外衫铺在地上。"姑娘来这里坐，若是留宿一夜却害了寒，李夫人定是饶不了我。"我见他如此，想想也是，便坐了上去。他也坐在上面。这件外衫被折了两折铺在地上，故而我与他都坐上去，二人距离便离得颇近。我见他穿得甚少，不觉有些担心，便说道："公子莫要病了，穿得这么少可怎生是好。我们快些回去，你且把这外衫快穿上吧。"我柔言道。

"因为母亲出身将门，我从小除了读书，舅舅便要我习武练剑。所以身板子虽不是铁打的，也算康健。姑娘莫要担心。"他说道，"只不过，"我见他言语戏谑起来，便扭过头去看他，只见他正看着我，笑得有些顽皮，"若是侯某真的病了，也都是因为今晚想要陪姑娘赏这湖畔夜景，那姑娘可否赏个脸到时候来探望侯某一番？侯某定当感激不尽。怕是到时候一个冲动，便以身相许也未可知。"

我见他又是明里暗里地调戏我，反而并不反感。侯朝宗对我也算有恩情。我与他相逢之初，他便四处寻觅宝物赠与我，我虽未全都收下，但是他的这份心意我却懂得。那般大张旗鼓地示好于我，当真是弄得整个秦淮无人不知。

"公子以身相许，我倒是不愿意要呢。公子身高八尺，食量也是不少，我一贫家小户女，可是供养不起。若是公子来了愿意做牛做马，我倒是可以考虑一番。"

"做牛做马？我倒是十分愿意呢。只要姑娘可以亲自饲养我就可以。"

我见他这般不顾及身份与我谈笑，便也放松下来，不再拘谨。

"公子说得轻巧，可是啊，我现在反悔了。就算公子愿意做牛做马，我也是不情愿呢。"

"姑娘怎能反悔？"他做懊恼状，突然仰倒躺在地上，"竟然如此铁石心肠，置我于不顾，那……姑娘愿意收留什么小动物？"

"我？我最喜欢的就是小兔子了。"我想了想说道。

"小兔子？"

"是了，便是小兔子，卯兔之兔。"我解释道。

"姑娘可曾养过兔子，那兔子的虽是可爱，却是难养，若是食用蘸了露水的青草便会死掉。"

"公子如此了解，莫不是从前养过兔子？"

"我自己倒是没有养过，只是去市集看过，知道怎么回事罢了。姑娘可是养过？"他躺在草地上看着我，我见他这样，便也躺倒。他见我如此，把原本垫在脑后的手抽了出来，置于两侧，为我腾了些地方。我忽然发现夜空上星光点点，很是美丽，如一幅画。只不过我还从未见人画过夜空。

我想了想刚才侯朝宗的问题，发现自己虽然喜爱兔子，却因天生嗅到动物的毛发便会口鼻难受，于是便说道："我还真没有养过，只是喜欢罢了。那兔子长大了，眼睛通红，爪牙锋利，还真是可怕呢。"

"难怪姑娘喜欢的是小兔子啊。"侯朝宗忽地一笑，我转过头去，只见这个角度下可以看到他的牙齿洁白，嘴角弧度很是好看，我看着他，不禁心神恍惚。他也转过头来，看着我，我们就这么彼此望着。我不知道他在想些什么，只是觉得那看我的眼神异常柔情。我现在身上穿的是陈定生送与我的一袭红衣，他正巧也是一身绛色，二人同卧在草地上，竟如新婚夫妻一般。

"香君，那日你说的话可是真的？"他突然问我。

"哪日,什么话?"我转过头,不再看他,"不知道奴家从前和公子说过什么竟让公子如此萦怀。"

"就是那日你交付与我的十六字。"他淡淡地说,"荒尘凝坐,呵呵,我便如此让你烦扰么?宁愿如此也不愿和我双宿双飞。"

"双宿双飞,公子说的倒是轻巧。只是这世间大多不圆满之事,普天之下,我也想有一隅可以安身,只是奈何此时谁人可以安心。"

"香君,你若从了我,我便把你接来此地。这莫愁湖虽然蛮荒,却也是山清水秀的好地方。你我二人每日来此观星赏月,岂不乐哉?"

"公子,这夜空如此美丽,不知您可否为香君画上一幅夜空景致。"我把话头扯到别处去。

"哦?姑娘喜欢这夜空?"

"奴家笔拙,未曾工于画技,因此还是想劳烦公子。"

"不不不,姑娘此言差矣。"他起身,又向我递了手把我拽起。"天色甚晚,姑娘先回去休息,待我改日将这夜空图亲自送上门去。"

"那便多谢公子了。"

二人说罢,他弯下腰来将那外衫拾起,然后与我同行回至书轩中。回到自己暂住的房里,见婉应已经沉沉睡去,只是桌上油灯并未熄灭,想来是为我留的一盏。我先把衣服褪去,粗略地洗漱一番,便躺在了床上。然而翻来覆去却怎么也睡不着。我想起刚刚他与我躺在草地上和我谈起那些趣事。小兔子确实是我幼时所爱,自己却未曾养过,这不失为一憾事。从前在姨母家中,仰人鼻息,总不能处处随着自己,更何况这兔子还要人照料,很是恼人。所以自己未曾饲养过。刚刚侯朝宗答应我去画那一副夜空图,只是不知道会画成什么模样。其实这确实蛮难为人的,我从未见过谁画过夜空,这也只算一个题目罢了。既然他是才高八斗的才子,自是不会为这所困扰,且看他是如何破题。

想着想着，也不知道过了多久，我渐渐进入梦境。

再一醒来，只见周围一片黑暗冰凉。我一惊，赶忙坐了起来。我视线不清楚，不知四处如何，只觉得头晕沉沉。我忽然想起我本应在侯朝宗家中，与婉应同床而睡。我便高声呼唤："侯公子！侯公子！婉应！婉应！"我喊着却无人答应。突然一抬头，只见头上一丈高处是一片昏暗的天空。

我竟然在一口井里。

第四章
凄凄别离，魂牵梦回，夜半之夜泪轻垂

第二节　夜半私语井下知

我四下看了看，发现这井里潮湿冰冷，却无一处杂草，也是怪事。莫非是有人刻意清理出来，用来囚禁人的？我现在大概称得上是深陷囹圄了。叫天天不应，叫地地不灵。还有我睡前明明脱得只剩一身单衣，现在却是已把外衫罩上。如今已是初秋，天气渐冷。现在约是五更天，天才蒙蒙亮。我突然明白过来，自己应是被人刻意扔进这井中，想把我饿死。莫非是侯朝宗。现在想想昨晚的事，都足够蹊跷。那车夫无故失踪，而后侯朝宗邀我去他家，现在又莫名出现在这井里。

我知道自己不能喊，我并不知晓这井在哪里，况且若是招来其他恶人，只怕更是难办。我思量片刻，觉得自己也只能在这安静地等待救援了。等到天亮了起来，人更多的时候，观察一下这里是哪里，再做定夺。

我在井中呆着，慢慢地，太阳升了起来，竟然四周仍是寂寥无声。我心下黯然，明白这定是一处荒凉所在，就算是喊了应该也没有人来。我觉得很是口渴，知道自己更是不能乱喊一气，若是口干了就更加痛苦难忍了。

大概过了两个时辰，只见日头正在井口中央悬着，我近来本就身子不适，这么一晒，竟然有一些难受，也就晕了过去。再醒来时，大概已经到了日暮时刻。我摸着自己饿着的肚子，发现竟然还是没有人来寻我，不禁有些失落。我曾试着沿着井壁爬上去，只是这上面青苔满布，实在滑腻。

又不知过了多久，我还呆呆地坐着，我想起侯朝宗昨晚和我说的那些甜言蜜语，如此看来也是骗人的，我为什么要选择相信他呢。我想起他对我的百般捉弄，想起他串通李贞丽逼迫我嫁给他，只觉得此人甚是阴险狡诈。

"香君？你可在？"我听到有人唤我的名字，只是不知道这人是敌是友。"香君，你在哪里啊？"那声音近了一些，我听出是侯朝宗的声音，便回道："侯公子，我在这里。"又听见一阵急匆匆的脚步声，似是踩到了许多草，发出沙沙的响声。"香君，我可算找到你了，你是否饿了，我这里有一些点心给你扔下去，你先用着，等我想办法救你出去。"说着，他扔了一个纸包下来，还好这纸包包得结实，里面的东西并未散开。我打开那纸包，只见里面包了三个馒头和两块芙蓉糕，我吃了几口，只觉干涩，便不吃了。我本欲和他理论，可是想想刚才唤他名字时，只觉得嗓子发哑，便不愿意与之多言。他在上面扶着井沿，看着说道："李姑娘，对不住，是我大意了，竟把自己的事情牵扯到你身上。"

我也觉得蹊跷，也不愿他侯朝宗真扮作那坏人。"昨晚那车夫我托人去打听了，那人竟然是阮大铖府下的死士。你可记得昨晚你和婉应姑娘形容那车夫，一个说面色发红，一个却说面色发白，后来我才打听出那车夫本来面色白皙，然而有一侧脸曾被烫伤过，想必是你们二位从两侧被他扶上了车，所以看得也不一样吧。"

我没有言语，除了没有力气外，还是因着我也不知应该说些什么。阮大铖我从未见过，只是听说。阮大铖本是东林出身，是高攀龙的弟子，也是才华了得。只是阮大铖与左光斗交好，而左光斗又与高攀龙不知怎的交了恶，而后左光斗让阮大铖来京递补，却被高攀龙同党从原本的吏部换到了工部。而上仟后东林党人不断给阮大铖施压，让他未上任一月便不得不回家。

我忽地想起，莫不是这阮大铖想要以我威胁侯朝宗，想借他东林党中复社新秀之身份重新在东林党中建立威信？如此一来他未免也太幼稚了。我与侯朝宗又哪有那般交情，只是不知李贞丽现在如何，可是有担心我。我如今身处险境，竟是侯朝宗先来寻我。

"侯公子，不知婉应如何。"我突然想起了婉应，想阮大铖是有心利用我胁迫侯朝宗，只是他把我投入井中有什么用，我若是永不被人发现，只怕侯朝宗恨他还来不及。

忽地，只见一个身影跃了下来。我仔细一瞧，竟然是侯朝宗从上面跳了下来。我一直坐在井的贴边角落处，是以侯朝宗跃下来并未碰到我。饶是如此，也将我吓了一跳。侯朝宗果真是文武双全，他适才跃下来，这一丈高的井，竟然毫发未伤，稳稳落地。他见我似是受了惊，便上前一把把我拥住。他怀里的温度让我渐渐觉得没有那么寒冷了。就这样，大约过了半个时辰，只见他从腰间取了一个水壶递给我，说："刚才只顾得把点心扔下来，想必姑娘觉得干噎，快用些水，再多吃些东西吧。我点了点头，默默地把那两块芙蓉糕吃了。那馒头我本来在家中便吃不惯。这是一种北方面食，在秦淮并不多见。南方人本就讲究精巧，所以点心最大也不过手掌大小。我看着那馒头面色发难，觉得拿着这么大的一块吃起来实在是不雅，便迟迟没有下口。侯朝宗大概也是看出我的难处，便说道："侯某也是一日没有进食了，不如我与姑娘共享这点心。"我点了点头，把馒头递与他，他从怀中取出一个帕子，用帕子垫着把馒头掰成了两份，分与我一份。我与他一人手握一半馒头，想想便觉得可笑。本是外人传唱的才子佳人，竟然落得如此下场。

"公子，如今你也跃下井来，只是不知怎么将我救出去呢。"我突然想起这么一遭事。侯朝宗这么跳了下来，可是这下来容易上去却难。我环视了一周，但见这狭小的空间内只有我和他两人独处，倒真是暧昧。

"冒犯姑娘了，只是侯某还望姑娘能陪我一夜，那阮大铖摆明了是想给我个下马威，竟然拿你来威胁我，只是却不知道你对我是何等重要，若是你出了什么差错可怎么办。你不知道，你不见的这一日里我可真是吓坏了。四处寻你，婉应起了便跑来与我说你不见了，我以为你觉得我昨晚事情做得过分，一怒之下走掉了，未曾想我跑到媚香楼竟然也没有寻到你，这真是把我吓坏了。而后便来了人给我送了一封信，说你是在这里。姑娘，你可知道这里是哪里？"

这里是哪里？我迷茫地看着他，我记忆中的井倒是没有几处。这里，莫不是，突然我灵光一现，看着他睁大了眼睛。侯朝宗笑着看了看我，而后点了点头，"没错，这正是你姨母姜府。"

我想起来了，从前姨母家里确实有一口废井，从前我们年龄小，所以只要是井，姨母都不让我们去旁边玩耍，生怕我们掉下去。这口废井从前死过一个丫鬟，据说那丫鬟死后这井在第二年的大旱中便干枯了。有人说是那丫鬟死得冤屈，所以才显灵将这井变枯。究竟这故事是不是真的，我也不清楚，只不过因着鬼故事，自己小的时候确实很少去这井边玩耍。这井的位置，现在想想，应是在降真那些婢子的屋子旁。

"我说为何我喊人来救我，却无人来应我。"我黯然垂首，我本就肤色白皙，在这井里，竟被月光衬得面色更是皎洁。那侯朝宗见我这般模样，竟是看呆了，他慢慢揽我入怀，抚着我的背说："我再也不让你受这样的委屈了。我今天之所以与你同处井下，就是要警告那些想用你威胁我的人，你是我侯朝宗的女人，我与你同生同在，你若是有什么差错，我怎会苟活。阮大铖无非想钳制我，只是若我也随你一同去了，怕是他所有主意都白打了。"

我见他说出这样的话来，也是十分感动："我原本便是知道你对我的心意。只是……只是奴家还是担忧公子的安全，阮大铖既然有心今日以我要挟，他日不知道又会有什么阴谋诡计。这日后之事，还是要考虑周全。"

他见我如此关心他，满脸惊喜地看着我，有的时候我真的觉得他就像一个孩子。他的眼睛特别的亮，看着我就像小孩子得了什么宝物。我笑了笑，点了点他的酒窝，笑着说："什么事你这么高兴啊。"

他把我紧紧搂住："香君，你这算是允了我了吗？"

我被他搂得喘不过气来，便说道："公子，你弄疼奴家了。"他便连忙松开了手，低头把下巴放在我的头上，从后面搂住我的腰："小蛮腰，我这纵身一跃也算得了美人报恩了。"

　　"你胡乱说些什么呢，可不许就这么占姑娘家便宜。"我想要挣脱他的怀抱，"你倒是说说，什么时候你我能出去。"

　　"不急不急，就你我在这里多好，你若是饿了，我们分馒头吃，你若是冷了，我就一直这么抱着你，不好么？"

　　"这，我想回去呢公子，若是一直在这里也不是个办法啊，若是来几个坏人把这井填了，可怎么好。"

　　"我的傻姑娘啊，这姜府许多年前便荒废了，如今更是少有人来。"

　　"那不更是可怕，若是真来个人把我们填埋了，恐怕就算大声呼救也没人知道呢。"

　　"那香儿的意思是什么呢。"

　　"我自然是想早些出去。"

　　"那香儿想如何出去呢。"他又搂了搂我，这一问倒是让我很不开心，本就是他莫名其妙地跳了下来，不然现在早就将我一同救走了。他见我又不说话，知道我是想不出来什么好主意。"你看这井这么深，我们怕是一半会儿也出不去了。"

　　我见他竟然这么说，便回过头看他。黑暗中我并不知道他是什么表情，只是觉得我和他面对面，气息暧昧。我能嗅到他身上的熏香味道，很是好闻。就这样僵持了不知道多久，他轻轻地向我靠了过来，最后把唇印到了我的颊上。

　　"香儿，你觉得我这样唤你可好。"我点了点头，这是我小时候的名字，只是后来随了李贞丽，她嫌我名字过于简单，没有小姐闺名秀美之感，便添上了一个"君"字。人前人后，我都被"香君""香君"地唤着。他突然唤我香儿，我才反应过来，我并未告诉过他我过往的生平，他竟然知晓这是我从小住着的地方。不知道为什么我此时面临危机，却还有闲情逸致与他调情缠绵在井下。

　　我终是觉得这样不是个办法，他并未表露态度，也没有告诉我要如何逃离这深渊，然而我紧紧追问衬着他这不紧不慢怡然自得的态度，又有失矜持。他似乎是看穿了我的心事，便问我："香儿，你可知道我为何知道这是何处？"

我摇了摇头："公子不说，香儿如何知道。"

第三节　梦里不知身是客

"其实我小的时候曾来过这里。"

我一惊，这侯朝宗是中州人士，缘何竟来过南京？

"我小的时候曾经害过疹子，因我是家中独子，父母怕我一下子就过去了，因而曾将我送到南京寻访名医治疗。"他与我细细道来。

"那路途遥远，令堂也不怕你身子消受不起。"我说道。

"唉，你这么说倒也是个道理。"他摸了摸我的发，"只是当时疹子也是初发，若不是我父母不管我消受不消受得起，我又怎会知道姜府。"

"公子且继续说，都是奴家胡乱打断，可别介意。"

"哈哈，瞧香儿说的。如此我便继续说下去。且说我来了这南京后，这疹子便全都发了出来，我娘心中急得不行，她是正房，我是她唯一的儿子，自然随意不得。也就巧了，就你这姜府所在的望瑞里中，住着一个医学世家，香儿你自幼在此长大，可知那是谁家？"

我想了想，实在是想不出。我在姜府长到了七岁便遇了变故，从前邻里间也没什么来往，我是女儿家，又怎么好到处乱跑，闲着了也只是在园子里乱转罢了。

"香儿小时只在府里玩耍，很少出去。便是在园子里和表哥玩也是有个时限的，到后来，有阵子姨母生病了，我便被禁了足，很少出房间，更不知道这四周邻里都姓甚名谁了。"

"那为夫便给你讲讲。"我见他又开我的玩笑，便轻轻地推了他一下，却被他一把握住我的手。"香儿，我要与你说的这个人，便是住于此处的林士帷先生。他医术了得，于痘疹之症都很是在行。"林士帷？这名字我倒是听过："公子且慢，您若说这林先生，我倒是听过的，只是年头已久，当真是记不大清了。"

"无妨。家母将我寄养在林先生家中，要说这妙手回春之术当真是奇妙，不消几日，我便退了烧，剩余的日子那林先生也不好总将我拘着，于是我便有机会得以出去玩耍。"

"莫非……你曾来过这姜府？""哪里，我从未进来过，只是这曾在这门前走过罢了。这府邸倒是颇为气派，当时便留了意，只是没有想到阮大铖竟然手脚麻利，把爪子伸到你这里，他查出你是姜府的表小姐，便将这张纸差人送给我。"

说完，他从怀里掏出了一张纸，奈何这里光线阴暗，我什么都看不清，于是便对他说："香儿也看不清，公子便讲给我听吧。"

"也好，"他又将那纸折了折收进怀里，"阮大铖只说你身份可疑，又说派人早已将你身份打听明白。他在这信上说将你邀到姜府，让你故地重游。"

故地重游？这倒真是合乎我的心意。我已经近十年没有再来过姜府了。其实姜府早已被衙门封了，成了一座废弃府邸。一般若是有大宅子被封，过不了多久便有官府组织拍卖宅邸，然而当时被抄的族门太多，少有人再愿意出风头买宅子，总是觉得这宅子晦气。故而这府中景致应该并没有改变多少。

"如此看来，阮大铖做得倒是心细，为了要挟你，竟然把我都给抖搂了出来。"

"香儿莫气，这样也好。若不是亏了他，我见你跟着李夫人，原本以为你也不过是一寒门女子，未料到竟是侯门出身，养在书香门第的大

第四章　萋萋别离，魂牵梦回，夜半之夜泪轻垂

077

家闺秀。"

"哦？那又如何，怎么说，我现在飘零至此，也不过是个伎女，虽不是人人唾骂，到底为人暗地里不齿。只是我倒是有什么错，只不过家门不幸，才流落至此，谁愿这般呢。"

我想着想着，不禁暗自神伤，把头埋进侯朝宗的怀里。他似是懂得我的失落与无奈，抱紧了我。"香儿是罪臣之女，若是来日公子进京赶考，金榜题名，只怕香儿的身份又会为人说道，到时候只会拖累了公子。"

我原本并不在乎侯朝宗会怎样，不关心他的现在，不关心他的仕途。我敬仰他的才华和人品，他的豪放不羁是我最最想往的，然而事到如今，他想要娶我，却为奸人所阻挠，拿我的出身大做文章，让我心有不甘。我李香君才貌双全，家门为那阉党所害，我心中苦闷又有谁知晓，为何我便连这侯朝宗也嫁不得。想着想着，我竟然流下泪来。

侯朝宗知道我在抽泣，明白我是在为"罪臣之女"这样的身份而伤感，他搂住我说："香儿，我说了要娶你，便会娶你。阮大铖想要在里面做什么文章都随他去。我堂堂一介男儿，想要娶我心爱的女子，护她一世周全难道还有错？纵然他日我进京赶考中了，也会借机为你洗清冤屈的。你且安心便好。"

我默默地点了点头，其实说什么都是没有用的，世事无常，我只要他一个态度便好，其余的，我也是左右不了的。

"好了，其实我已经安排好人知会了李夫人，阮大铖那边也示意了一下，香儿再委屈一会儿，用不了多久定有人救我们出去。"

我见他语气肯定地说着，也就放心下来。想着今日发生的事情，竟然能与侯朝宗一同落难于井中，竟也觉得缘分奇妙。我原本还只想躲着他，避着他，现下竟然与他私订终身，想着想着，我就在他的怀里睡着了。

再醒来时，只见井上有人举着火把叫着："侯公子？李姑娘？二位可在井下？”

侯朝宗将我扶了起来，然后冲着井上喊道：“井上可是阮大人？”

但见井上之人轻摇火把，似乎是在示意：“在下正是阮大铖。侯公子李姑娘对不住了，竟然让二位等了这么久。”

侯朝宗爽朗大笑，“阮公子莫要如此，且快快将李姑娘救出。”

说着只见下面放下来一个长长的梯子，想来是用来上梁用的。我一天没有走动，现在突然站了起来，脚下有些酥软。侯朝宗见我走得不稳，连忙扶住我：“香儿没事吧？”他着急地说道，又搀扶我上了梯子。我小心地往上爬着，终于还有两级梯子时候，上面终于伸下来了一只手将我扶了上去。

“多谢搭救。”我冲着扶我的人粲然一笑，只见那人一张容长脸，五官端正，蓄了一把胡子，他见我笑着，竟然一愣，连忙说道：“李姑娘，手下不懂规矩，在下这里给您赔罪了。”这时候朝宗也从井下用梯子上来了，见我在这里，连忙走到我身边，扶着我：“阮大人，还望您快快差人将李姑娘送回媚香楼，她身子弱，禁不起这样的折腾。”阮大铖见他如此护着我，便笑着说道：“侯公子，你这当真是怜香惜玉啊，成，我现在就差人将你和李姑娘送回媚香楼。”说着，他便给身边的人一个手势，立刻就有人回报道：“大人，马车已经备好了。”阮大铖转过头来，笑着对我和侯朝宗说：“二位，马车备好了。侯公子，我想着您担心李姑娘，便亲自将其送回吧，在下也不方便再过多打扰了。”

“好，阮大铖，今日你的恩情我侯某便记下，来日亲自报答。”说着，他将我打横一把抱起。我心中一惊，连忙揽住他的脖子，他轻轻地在我耳边说：“别怕，有我在。”我见他如此从容，也放下心，只由他去做。我粗略地环视了一眼周围的景致，只是觉得一片荒凉。我小时候的那小灌木丛因为现在无人打理，早已没有什么样子，杂乱无章的，看着就让人心凉。

这就是我曾经的家啊，物是人非事事休，我闭上眼睛，不想再看。

其实这姜府我一直不愿回来的原因便是如此。人若是有一段记忆极其痛苦，大概就会想要逃避它，忘掉它。姜府的日子，在我结识了侯朝宗之后，便由原来刻骨铭心如同墨水般的黑色转成了暗淡的让我不愿再触及的灰色。我渐渐不去想那些人，那些事。更多的时间，我都在与侯朝宗舞文弄墨，与侯朝宗抚琴吹箫，与侯朝宗吵架斗嘴，便忘记了表哥、姨母、母亲了。

也许我确实应该选择侯朝宗，只为他这半年来一直都待我很好，只为他刚刚这纵身一跃陪我于深井中。

"好啦，香儿快睁开眼睛。"原来是到了府外马车前了，他搀我上了车，然后自己也上了车。这时只见阮大铖一行也赶到了府外："侯公子，李姑娘，二位慢走，路上小心，可千万别再出什么差错。"

"阮大人多虑了，如此，改日再回了。"

说完，侯朝宗放下帘子，喝了一声，车子便行进起来。

第四节　然诺重君应铭记

如此光景，一眨眼便过了半年。怅年华，倒是不如蹉跎。这期间侯朝宗一心苦读，便少来找我，只是偶尔书信几封。我知道他是想要阮大铖少关注我，少来为难我。只是突然日子空荡荡，也没有多少快乐。我每日依旧学着戏，会的折子越来越多。侯朝宗似乎早已将我二人之事知会了李贞丽，自打那日我归府后，她便不再与我说什么责难的话，也未问及当日之事。我自然落得个自在。她只是好吃好穿地继续供养着我，也不再让我出去接客。这似乎是为待嫁做准备。我也安分守己地待在屋子里。

一日，侯朝宗突然登门。他见我只是笑，我不知道他在笑什么，便问道："公子打进来这门儿便一直笑，可是有什么喜事？"

侯朝宗又笑道："是了，我前段日子忙得紧，也没来看看香儿过得可好。"

我大概有半年没有看到过他了，他说是在家中编纂什么集子，我也没有上心去问。他变得比上次送我回来时瘦了许多，却是成熟了许多，也沧桑了。只是这都掩盖不了他眉间的喜悦。我笑了笑，说道："公子想着劳累得紧，香儿便没再去打扰。""劳累得紧可不就是因为香儿不在，少那红袖添香之人伴我左右，为我解些忧愁。"

"公子这是哪里话，今日公子来此，不知所为何事。"

"倒是没有别的，只是看看香儿。顺便问问香儿，后日我欲去扬州一趟，不知姑娘可有兴致与我同游？"我本就闲来无事，便说道："香儿近几日也是清闲，若是公子有出游之意，倒是愿意同行相伴。"

"如此甚好！刚才香儿问我为何事而喜，我还说不出个所以然，现在果真是有喜事一桩。"

"不知公子去扬州所为何事？"

"哦，只是去见几个朋友。他们也都于戏有些造诣，香儿去了，也可与之切磋一番。"

"公子真是抬举香儿了，香儿只是粗通皮毛，上不了台面的。不过倒是想要精通之人指点一二呢。"

"如此甚好，你且收拾好，我后日一早便来接你。"

"不知公子什么时辰？"

"辰时一刻可好？"他说道。

我粗略算了算，若是我起床后再洗漱沐浴一番，用了早点，出门之时大约也就辰时一刻，于是便回道："如此，那便后日辰时一刻见。"

是日清晨，天气也还算好，只是天雾蒙蒙的有些不清澈。虽是如此，我心情倒是颇为不错。我吩咐小玲整顿好，便与李贞丽和小玲共同候在了门口，不多时就见侯朝宗的马车来了。我回身向李贞丽欠了个身："娘，香君不在家的这几日，您可要珍重。"

"唉，我的好孩子，你且去吧，莫要担心娘。"说着，她便有些哽咽，我看着心中也是难过，明明只是出去几日而已啊，怎的竟如此悲伤。

"李夫人，小生这厢有礼了。"不知何时，侯朝宗已立在我身后。他今日穿了一身镶了白色兔毛边儿的锦衣，衣色宝蓝，唇红齿白，竟然很是魅惑。我不禁理解起来为何有人偏好那男风了，可见无论男女，都是讲究一个色相的。

侯朝宗见我一直望着他，便伸出手来，为我撩了一下在额前的发丝。他的手指纤长，关节处微凸，散着淡淡的脉络。他一动，带来淡淡幽香。"香儿今日真是美艳。"他说。

我不好意思地低了低头，脖颈雪白，面色桃红，黛眉弯弯如月，又着了一身水色罗衫，确实超凡脱俗。

"公子谬赞了。"我柔声道，许是这些日子休息得好，我的声音很是甜美，如蜜般沁人。

"时候不早了，夫人您就不必远送了，我定会照料好姑娘和小玲，您且放心。"侯朝宗对李贞丽说道。

李夫人闻言，又擦了擦自己发红的眼睛。我看着几番心酸，也道："娘，外面风大，您还是先回去吧，我会时时记得报个平安的。"

"好，好。唉，姑娘大了就是留不住了，小玲，侍候好小姐。"

"夫人放心，小玲定当尽心竭力。"

说着，我们三人便上了车。驾车的小童和小玲在前面赶马，我与侯朝宗便在这车厢里享受这两个人在一起的光景。

车子也不知走了多久，我醒来时依偎在了侯朝宗的怀里。许是多日劳累，他此时也闭目养神。我动了动，他也没有什么反应。我想他大抵是睡熟了。我悄悄地把他的手从我腰间拿开。没想到这一举动，倒是把他弄醒了。他揉了揉眼睛，看见我笑着看他，便也笑了开来。"香儿，真好。"他伸手又把我抱了过来，"真好，没有想到今生竟然有机会一直把你搂在怀里，让你就被我这么看护着。"

"今生自是有许多机会，公子不要错过浪费了就好，要懂得把握哦。"我调笑了他一番。

"你啊，有的时候倒是庄重，有的时候就像孩子一样，古怪精灵的，倒是让我摸不清楚呢。"

说着，他便捧过我的脸颊。

我望着他的眼睛，大概是因为刚刚睡醒，他又用手揉搓眼睛的原因，

第四章 爱爱别离，魂牵梦回，夜半之夜泪轻垂

083

此时竟然有一根眼睫毛掉了下来。我看着他的那根睫毛，觉得很是有趣，便说道："公子，你先别动。"说着用手把他那根眼睫毛摘了下来。他见我手中竟是一个睫毛，不禁一愣，随即笑了笑，然后说道："我记得第一次觉得你真的可爱，让我想要宝贝宠爱着，便是那日你和我说起睫毛的事。"

回想起来那日，是我调笑他，说是长睫毛的男孩子喜欢哭。

"公子还记得呢么。"

"自然记得，"他望着我的眼睛那般深情，"永远不会忘了。"

我不禁为他的认真所打动："公子的这一句话便足够了。"

因为遭逢了世事坎坷，于我看来，红袖扶来聊促膝，青娥不住添香兽，这才是才子佳人的最佳诠释。他此时把脸凑了过来，他的亲吻就和他这个人一样，凉润而轻巧，即便是唇，也浅尝辄止，仿佛我是个玻璃做的人，稍一用力便会破碎。我小心地回应着，我喜欢他这样对我，不似其他姑娘与我讲的，有的恩客粗暴而蛮横。被他这样亲吻的时候，我的呼吸和心跳，都是那般的自由。我觉得在没有什么可以束缚住我，我便如一只雀儿般欢快，而不是那在金丝笼子中的百灵。再风光又能怎样，我不愿意再在那深宅大院中如一朵被藏于重重枝叶隐蔽下的花儿般。我倒是愿意做那森林中的一棵小树，纵是平淡无奇，却也合乎我的心意。

这时忽然外面咳了一声，只闻小童轻唤了一声："公子，时候不早了，怕姑娘饿了，我们找一家酒楼用些饭菜吧。"侯朝宗将我扶好，又为我整了整衣衫，说道："香儿，我们先去用些酒菜，路途还远着呢。"我点了点头，便与他一同下了车，寻了一家寻常酒楼用了些膳食。那酒楼的小二见我和侯朝宗气质颇佳，便也热情招待。我们结账时，我本欲出些银两，然而不知怎的，发现自己的荷包竟然不见了。我不禁大惊失色，侯朝宗见状，忙问我怎么了，我回道："我的荷包不见了，只是这一阵子功夫，倒真是奇怪了。"

"这酒楼毗邻郊区，人迹罕至，打从我们进来，便没人再出去过，刚刚只有那小二一个外人近过你身，我想应是他干的。"我无奈地看着他，他给了我一个安抚的眼神。

"莫怕，且少安毋躁，我自会为你讨回公道。"

说罢，我们又装作继续吃了起来。席间我朝那小二方向看了看，正巧发现他朝我这个方向刻意地瞥了几眼，我知道这次侯朝宗没有说错，有那九成可能是这小二所为，于是便看侯朝宗如何去处理。

不多时，只见侯朝宗将那小二招呼了过来。小二贼眉鼠眼，一脸得逞奸笑，又谄媚于侯朝宗，哪承想侯朝宗一把抓住了小二衣襟，小二吓得浑身打颤，忙问道："客，客官，您，您这是做什么？"

"你道我做什么，我娘子的荷包丢在你这店里，你是不是要给我一个说法。"

我听他直接唤我娘子，便有些不好意思。侯朝宗继续拎着那小二，站了起来："你若不给我个交代，我可就只好留下店家你与我好好谈谈了。"

之前我只听说侯朝宗常习拳脚，想来练着不过是为了强身健体。现如今想起他上次从井上跃了下来，想必大概这功夫是不一般的。那小二满脸横肉，看着就让人生厌，只是分量定是不轻。然而侯朝宗只用单手就将他提得离地，可就这臂力相当的不一般。小二连着求饶，倒是把这店家的老板惊得出来看看是发生了什么状况。他见侯朝宗不是好惹的主儿，便好言道："客官，唉，客官您可千万息怒。这是我们家刚来的，不懂规矩，要是有什么规矩得罪了几位，可千万不要怪罪啊，您大人有大量，高抬贵手啊。我们这也只是小店生意，若是砸了这桌椅，可要小的怎么养活家中老小啊。"那掌柜朝我们几个一一作揖，待到拜到我时，打量我的眼光却是一顿。我觉得总是抛头露面，实在有失风范，便想要早些离开。

正想着，只见那边小二已经被侯朝宗扔到了地上，正在跪地求饶。只见他将荷包从怀间拿了出来，双手呈给了侯朝宗。店家见果真是自己的伙计做了这丢人丑事，也是连连求饶，并答应把这顿饭钱免了。侯朝宗说道："既然店家你如此客气，我便也不推辞。今日与爱妻同游，本是图个快活，没有料到竟然有这等事情发生，实在是脏了我的手，末了，爷我先走了，这偷儿你们愿意怎么来便怎么来吧。"说罢，牵着我便向外走。我随着他回到车上，车子便继续赶了起来。我还是觉得他表现得未免凶狠，没有想到他平日里待我那般温柔，却也有这般充满戾气的一面。他拿着从小二手中荷包把玩了一番，说道："这可是香儿自己做的？"

我点了点头："这是自然，我们女儿都是要学那女红的，这点小事自是要自己来做。"他抚了抚上面的篆体香字，笑了笑，然后取了自己的荷包，只见上面绣了一朵白莲花。他说道："这是我得了疹子的时候，我娘给我缝的，都说那白莲消灾解难，于是她便绣了这个在上面。"

说着，他把那绣着白莲的荷包系在了我的腰间，又把我那荷包系在了自己的腰间，"喏，交换信物。从前我送了香儿蜂蜜，在盖子上写了那般言语，竟然换来香儿那么冷漠对待，真真是让人心灰意冷啊。"他撇了撇嘴，睨了我一眼，仿佛在责怪我。我见他那眼神甚是有趣，充满了孩子般的天真和稚嫩，便笑了起来。他见我笑得开心，突然又严肃了起来，面无表情，"你还笑，你可知道我那几日是怎么度过的，每日都以喝酒为乐。有的时候倒真是称不上什么乐事，只是就是不停地喝啊喝，若是不喝，便会想起你来，想起你对我笑的样子，还有你那些绝情的话。"

我倒真不觉得自己何处绝情，只是十六个字罢了，我又没有跑去冷言冷语地嘲讽他，又没有事先答应了他而后又开始反悔，投到他人怀抱里去。只是没有正面回答他，与他唱和一番罢了。他与李贞丽在这件事上的反应都大出我所料。其实我那段日子只是心情忧烦罢了。现在想想理由真是简单，酷暑难耐，是以我对什么都不愿上心，那李贞丽不断把我逼上梁山，侯朝宗虽是陪我解闷，有时来得过于频繁也让我觉得他心思不纯正，是以才起了这般拒绝的意思。

"公子，香儿那段时间身子不适，所以心情大抵也不好，才说了那般过分的话。不知现下再请罪，可是能解了公子的心结呢？"

"晚啦，心结是解不开了，我可是记住了你那绝情的小模样。"

"那香儿可怎么办呢，"我摇着侯朝宗的胳膊，"公子便宽宏大量地饶了香儿可好？"

"不成不成，不知香儿以后还要拿什么来搪塞我，我可是伤透了心了。"

"那……那香儿只好离开公子了，今生债，下辈子等公子喝了那孟婆汤，忘了香儿做的这些坏事情，再还可好？"

"那也不好，我更是不允你离开我，下辈子还要等，太漫长了。不如这辈子你再多欠我点儿，下辈子一起还吧。"他抬起了我的下巴，让我正视着他："好不好，香儿。"

我望着他漆黑双眸，只觉得陷了进去，就再难抽身了。便如一片沼泽，然而我却知难而进，我不愿，我也不怕，我只想这般，永远陷进去，溺死在里面，让我的灵魂永驻其间。

"公子若不离，我定不弃。"

"好，香儿最乖了，"说罢，他将我拥进怀里，"我打算回去后，就去媚香楼正式提亲，香儿，我们尽快完婚，你嫁给我可好。"

"这……"我有些尴尬，总是觉得这样的事情由女儿家自己说出来不好。自古以来都是父母之命，媒妁之言。我与侯朝宗的情形，一个父母俱亡，一个远在他乡。自己一人漂泊世上，虽有旁族，可是血脉并不亲近，若要来主张婚事，也是没有必要的。李贞丽若是知道我与侯朝宗两情相悦，定是满心欢喜，只是奈何现今侯朝宗偏偏要我自己说出来，我只是百般的不好意思。

第四章 凄凄别离，魂牵梦回，夜半之夜泪轻垂

"香儿是害羞么，那么便不要直接说出来，我数上三个数，若是香儿没有出言反对，那便算是答应了，香儿觉得可好？"

我觉得这主意倒是不错，也亏得他想得出来，便点了点头。他数到："一，二，三。哈哈，香儿，你这是答应了？"

"不然公子以为呢。"我害羞道，见他这般大笑，更是不好意思。"

"我原本还以为问了香儿你是否答应，香儿能回个答应呢。没有想到又是反问过来，我的小香儿啊，还真是害羞。"

"啊。公子原来还打算小小的算计一下香儿啊，真是过分呢。"我不禁一嗔，眼波流转。他似是看呆了，忙道："夫人，我哪里敢啊。小生可是惧内。"

"瞧你说的，莫不是要将我比作那母老虎？"

"不要，我不要当老虎。"

"我说我是那母老虎，与你何干？"旋即我突然明白过来，他是转着弯儿的逗着我玩儿。

"你若是母老虎，我可不就是公老虎，不过老虎都不会成双成对地生活，没有香儿这只母老虎陪伴，还有什么意思啊。"

"你，真是讨厌呢。我便再也不要理你了。"说罢我转过身去，不再看他。他见我又是一阵子娇嗔，便哄着我。

就是这样，在路上偶尔停停，住宿吃饭，大约三日，我们便进了扬州城。

第五章

铅华尽洗，血溅楼亭，不负如来不负卿

我住长江头，君住长江尾。日日思君不见君，

共饮长江水。

此水几时休，此恨何时已。只愿君心似我心，

定不负相思意。

第一节　与君趣话笑谈多

我出生那年，正巧赶上扬州城发生一场惊动九州岛的地震。我父亲吴至善的手下因为驻守扬州城不利，被人参了一本。父亲一向与东林党人交好，再加上性子耿直，更是被敌手视为眼中钉。趁着这场地震，便被人上报朝廷，说我父亲趁乱挪用朝廷拨下来的公银，他们还伪造了种种证据。我父亲含冤而死，母亲连夜抱着只有三个月大的我逃离了苏州，来到了南京姨母家。

我根本不知道这座城的样子，却因为它，让我失去的至亲。然而我这次来，却没有任何悲伤之情。扬州城街上鳞次栉比，沿街都有街坊卖着各种各样的东西。侯朝宗让我先回客栈休息一番，知会我晚上要与我去那花灯会。我算了算，才发现今天竟然是上元灯节。

我用了晚膳，在房里稍作休息，读了两页戏，便听有人来敲门。小玲去把门开了，只见侯朝宗一身华服。他如今生活清贫，很少添置什么衣物，这些都是从家中离开来南京进贡院考试时所带，因而都是大户人家的行头。我已选了一身粉红衣衫，上面绣了一些黄花，颜色明快，配着他那海青色的衫子，颜色对比倒是明显，他外面罩了一个黑色毛绒的斗篷，显得整个人如侠客一般。我笑了笑，打趣道："你这一身，倒是让我想起了从前看得一个故事。"

"哦？是什么故事。你怎么看过这么多故事？"

"等下再说也不迟。"

我出了门，与他一路走到门口，只见马车早已备好。那侯朝宗的贴身小童见我，忙行了个礼，道了声"小姐好"，我也回了一回。小童扶我上了车，侯朝宗也上来坐在我身边。小玲照旧坐在前面。有时我倒是觉得蛮难为她的，一个姑娘家在外面风吹雨淋的，但是李贞丽似乎之前和她吩咐过，不要打扰我和侯朝宗，于是我虽百般要她进车里来，她也不从。好在现下正是冬春之季，日头就算到了正午也不火辣，而且那侯朝宗的小童与小玲年龄相仿，是以两人在外面驾车做伴，也不寂寞。

上了车，待到坐正，侯朝宗张口道："刚刚香儿的故事呢。"

我清了清嗓子："公子，香儿自幼就是学戏的，看得市井故事固然是多些。然而这次确是讲那江湖侠客的。"

"江湖侠客？倒是有意思的紧，说来听听。"

"只说这大唐德宗贞元年间，魏博大将聂锋的女儿聂隐娘，才十岁。有一尼姑到聂锋家讨饭，见到了隐娘，特别喜爱。她说：'押衙能不能将女儿交给我，我来教化开悟一番，定非凡夫俗子。'聂锋很生气，觉得这尼姑实在是荒唐，便将她训斥了一番。没有想到那尼姑却向聂锋示威，说他就算把隐娘锁起来，她也能带走隐娘。这天晚上，隐娘果然丢失了，聂锋大吃一惊，令人搜寻，没有结果。父母每思念女儿，便相对哭泣。"

"这也真是过分，若我是那聂锋，还不得恨死这尼姑？"侯朝宗握拳道。

"嘻嘻，公子倒是急什么急，我这故事后面才有趣呢。且说五年后，尼姑把隐娘送回，并告知她已将隐娘教导好了。尼姑须臾不见，一家人悲喜交加，问女儿学些什么。隐娘说也没有什么，只是打坐念经罢了。聂锋不相信，又追问一番。隐娘很无奈，表示自己就算说了真话也未必会有人信。但是聂锋还是关心自己的女儿究竟这么多年都经历什么，还是穷追不舍地问着，最终隐娘只得说了。"

"这隐娘也真是有趣得紧。"侯朝宗挑了挑眉头，对着我道，"不过也合该如此，本就是一代侠女，你且说下去我听听。"

我见他倒是饶有兴致，便又说道："那隐娘被尼姑带走后，原来学了飞檐走壁之术。尼姑又给了她一把匕首，先是教她刺猿猴，后来竟然教她刺空中飞着的鸟儿。而隐娘都一一学会了，果真是奇才呢。"

"这倒真是绝世高手啊，小小年纪便有如此造诣。"侯朝宗看着我说道。

"是了，到了第四年，那尼姑便将聂隐娘带到了城里，那地方隐娘根本就不熟悉，可是聂隐娘却被那要求去杀一个陌生人。尼姑把那人的罪过说了一遍，要她不动声色，不知不觉中便将这人的首级拿回，如飞鸟般自如来去。又给了聂隐娘一把羊角匕首，三寸长，于是，隐娘便听着那尼姑的话，在那日光下，神不知鬼不觉的真的把那人刺死了，用的就是那羊角匕首。之后把他的头装到了一个囊中，带回了石头穴里，用尼姑给的药将那头化为水。"

"哦？！世间真有这等奇事？"侯朝宗拊掌大声道，"我从前只是听闻锦衣卫确有那化骨之神水，只是未得以遇见。"

"公子所闻，奴家也不知道。奴家只是看故事图个乐子，至于这其中细节处，倒是也不追究。

"无妨无妨，香儿的故事倒真是有趣，快继续讲着。"

"五年后，那尼姑又说，某个大官有罪，无辜的人被他害死了许多，让隐娘夜间取他首级。只是啊，直到天亮了那聂隐娘才归来。原来那隐娘见到这个大官正在逗弄一个可爱的孩子，隐娘没有当时下得了手。那尼姑听后大怒，责骂了隐娘一番，让她下次若遇到类似的情况，便先杀了孩子，断了他的所爱。"

"这尼姑倒是当真狠心啊，只是若想惩罚此人，杀其所爱以使其痛苦，这是可以理解的。只是孩子又有什么错呢。"说罢，侯朝宗摇了摇头。

"我想着，可能要从这因果来说吧。孩子投身于这恶人家，本与这恶人就有些渊源。只是，若是当真朝着一个鲜活生灵下手，又是怎样的狠心啊。"

"这时间之事，有事发生了便只能由着它，其中自有乾坤，香儿说的对，这是这残忍之事确实难做，也不怪这侠客不是人人都能当的。"

"后来隐娘又遇到了刘昌裔，这才是真正赏识她的人。"

"哦？说起这刘昌裔，前几日读史书时还正巧读到。此人字光后，阳曲人。'少时常若有所思，及壮入蜀，后又客河朔间。曲环方攻濮州，表为判官，累迁营田副使。环卒，上官涚知后务，吴少诚引兵攻城，涚欲遁去，昌裔止之，以守城功擢陈州刺史。涚卒，军中推昌裔，诏检校工部尚书，代节度，封彭城郡公。'"说着，侯朝宗便背了出来，可见他倒真是不负自己才子之名，竟然过目不忘。

"公子果然天资聪颖，香儿甚是佩服。"

"多谢夸赞，我也不过是恰巧读过而已，如今说来，与香儿分享。香儿且继续讲下去，小生听得当真是不亦乐乎呢。"

"得公子令。后来有人想要来刺杀刘昌裔，派的便是空空儿，他能钻到人的肚子里，然后不伤任何皮肉，置人于死地。"

我说到此处，对着侯朝宗又是一笑，他本听着全神贯注，见我突然停了，很是惊讶。我笑道："公子可知我为何突然由你这一身衣服想到这个故事？"

侯朝宗挑了挑眉，有低头扶着额头，像是在苦思冥想，我看他这样讨好于我，也就直说："你啊，这一身斗篷，倒是像极了空空儿。"

"空空儿？我才不要做那杀人之恶。"

"好好，那便不是，公子这倒真是有侠客之风呢。"

"香儿且继续讲下去，我倒要看看，这最后是个什么结果。"

"结果？没有啦。公子刚刚只听香儿提起聂隐娘，便知是侠女，可见公子也是看过这个故事的，我便不再多费口舌。"

"哈哈哈，香儿好生聪慧，竟然在意了这等细节。不过这倒真是传奇。上次听香儿与人讲杜十娘的故事，现下又听着聂隐娘的故事，没有想到香儿倒真是有侠情豪情的女子。"

"不瞒公子，我许是本就出身将门，倒是有那么几分热血。只是身为女儿便只能如此，每日寄生青楼，当真是毫无生气可言。"

"姑娘巾帼不让须眉，小生惭愧啊。"

不知不觉，我发现车子竟是停着的，便挑开帘子去看，只见小玲二人竟然将车子停在了路边。我皱了皱眉，说道："这是怎么回事，怎么倒是停在了路边？"

"姑娘，我们都听着你的故事听得入神了，所以忘了驾车呢。"那小童笑道，"姑娘的故事真是闻所未闻，见所未见啊，当真精彩，是以刚刚我和小玲不自觉地就将这车子停在了路边。"

我见他们如此，也便跟着笑了起来，侯朝宗听了更是大笑："香儿，你看你这故事倒是让多少人萦怀啊。这般传奇，倒是让我想起了桃花源记。"

说着，他便诵了起来，声势跌宕，引人入胜。

"好一个桃花源记！哈哈，侯兄，车内之人可是你啊。"侯朝宗闻声撩开帘子，只见帘外是一个容貌清秀的公子和一娇俏佳人。那佳人见我一愣，开口道："你可是媚香楼的香君姐姐？"

第五章 铅华尽洗，血溅楼亭，不负卿来不负卿

第二节　停车巧遇董小宛

我听她一说，便仔细打量了一番这女子，只见她一身白狐裘，衬着整个人玉雪可爱。我笑了笑，说道："妹妹，我抱病在家已久，很少出来了，您是？"

"姐姐，我便是董小宛啊，从前我们一同被周先生教习过。"

我仔细打量了一番，正是董小宛。从前我与她还有其他几位姑娘，在卞玉京处一起请了先生学画，那时她便是机敏异常，性子也是活泼，所以她的画总是以小物为主，画些蜂啊蝶啊的。我一向是个沉稳的性子，所以颇和周先生的心意，因而总是被夸奖。我的画总是以山水为主，奈何我并未见过多少山水，所以便总是临摹先生的画，久而久之，我与周先生画风相近，连平日的言行举止都有些相似，因而那个时候大家都说我有先生态。这秦淮但凡是有些画技的人也都知道我这名号。我笑了笑，说道："原来是董姑娘，我倒是眼拙了呢。只是不知道这位公子是谁？"

侯朝宗笑了笑，说道："这便是名动四方的冒襄冒公子。冒兄，这位便是你嫂子李香君，这位便是董小宛姑娘了？在下有礼了。"

"姑娘？"冒襄笑了笑，一脸暧昧地搂过董小宛，实不相瞒，我已经把小宛娶过门了。"

董小宛一脸甜蜜地低着头，笑着说道："倒是忘了知会姐姐，真是失礼了。"

侯朝宗又是一笑，上前拍了拍冒襄的肩，说道："走，你我哥俩也是好久没聚了，给她们姐妹也留些空间。"说着，他们二人便在前走着，我也上前携过了董小宛。小玲和小童一同在最后走着。

"小宛，这是几时的事？我倒是消息落后了呢。"

小宛笑了笑："倒是不怪姐姐，这事情本也没有大办。"她看了看走在前面的冒襄，"我们爷用着钱紧，所以便是随意办了。"

"这也真是的，不过我倒是知道，近来北面儿一点都不消停。"

"这些事情我也是略有耳闻的。唉，我家公子屡试不第，惆了那才华了。"她蹙着一双柳眉说道，我听她说起"屡试不第"，侯朝宗也是如此，如此看来，就是个人造化吧，各人有各人的命，又有什么法子呢。有的时候我们常苦苦去强求什么，却往往得不到。因而便只得烦恼。可是这世事本就是一场空，没有什么值得牵挂的，这是佛家所说，只是若要真的做到这点，又谈何容易。从前我只想逃离这红尘漩涡，可是看着身边的董小宛，只觉得我们都被卷入其中。其实大概一开始便注定如此，就像侯朝宗和冒襄屡试不第，就像我和董小宛明明才情出色，却只能委身为妓。

"妹妹也不要太悲伤，如今朝廷动荡，阉官把持朝政，公子们有气节自不会投奔那贼人，纵是有真才实学，也不要为那奸臣效力。"

"姐姐说的倒是不错，这些道理我也早明白。只是看着公子不愉快，我也不愉快。"

"公子不愉快，妹妹就更是要开解公子，怎能和他一同伤心呢。"我拍了拍她的手说，"小宛我们不要再说这些不愉快的事情了，一起去猜灯谜吧。"

董小宛斜睨了我一眼，双眸如水，甚是可人。我见她和我撒起娇来，当真也是没有办法。这小宛性子活泼，记得小的时候便常会有几个姑娘，趁着周先生作画供我等临摹的时候，偷偷跑到院子里玩耍。有时若是被先生发现了，便是少不了一番责骂。先生虽是严厉，小宛却总有自己法子哄着先生开心。或是嘤嘤哭泣让人爱怜，或是要为先生奏一首《梅花三弄》说是助先生雅兴，总之先生总是拿她没有办法，每每狠下了心要将她训斥一顿，可是见到她眼中含泪，如那烟雨蒙蒙般，便只得摇头作罢，要她下不为例。小宛长到十二岁时，已是明眸皓齿，颇有自己的主见。我之前与之因性子相差甚远，并不亲近。她长到十三岁时便不再随周先生学画了。自己私下里在院子里可着自己的性子来，画着那蝶啊雀啊的，我听李贞丽说起过，当时便叹这女子倒是真有脾气，不讨好那些好山水画儿的爷们，自己有着自己的品性。

"姐姐，"她望着走在前面的冒襄说，"你可知道这世间情为何物？"我正想着幼时一起跟周先生学画的趣事，听她这一问，便顺着她的眼光看向前面走着的侯朝宗和冒襄二人。此时不知他们二人正谈论着何等快事，竟是哈哈大笑，颇有少年意气风发之感。我心中想着这二人空有满腹经纶，俊逸之品貌，竟然因这朝堂黑暗，少那识得伯乐之人，便是一直抑郁不得志，心中顿生怜意，只是想必这二位是无需我这女辈可怜的。国计已推肝胆许，家财不为子孙谋。侯朝宗刚刚娶我过门时，便与我表了这个意思。当时我还埋怨他说，可千万不要给他生孩子，若是自己孩子的父亲一点都不疼爱自己，可怎么成。他见我这样，便哄着我说："我侯家子弟，便是不吃家中本钱的，你且不要为自己儿子担忧，倒是担忧一番你自己呢。"我甚是不解地看着他，只见他只是瞧着我，我望着他笑意愈浓的眼，忽然明白过来，便拿着手中轻摇的小扇拍了拍他："夫君真是讨厌，都在说些什么，没个正经的。"他搂了搂我说："香儿，你何时才能为我生个孩子。我想要个我们的孩子，延续我侯家香火。"

第三节　姐妹情深吐心事

"情为何物？自古以来于女人而言，不就是以身相许，为他诞下子嗣，开枝散叶么。"想起我回答道，董小宛听我回答后，并未看我，而是依旧盯着前面那个身影。"姐姐，你可知我并不能生育。"我一愣。"在半塘的时候，我被人强灌了药。"她平淡地说着，语气中没有一丝波澜。若是不知道她说的是什么内容，还会以为她不过在说些无关紧要的事罢了。可是越是看着她这般样子，我越是知道她心中有多恨，有多无奈，有多难过。我不知道自己应该安慰她些什么，便说道："他，知道吗？"

她猛地转过身来看着我，一双杏眼饱含泪水："姐姐！他……他知道却没有嫌弃我，你可知他竟然不嫌弃我。"

"那不就是好的，看来冒襄公子确实并非那些凡夫俗子可比。"她笑了笑："可不是，但他越是这么说，我便越是害怕。"她低下了头，我看不清她的表情，但是她的嗓音明显压低了，"在我看来，越是爱一个人，便越是舍不得他受苦的。不能眼睁睁地看着他没有子嗣，可是因为这爱，便再不愿他搂着别人在怀里。"

"我在半塘的时候，日子过得倒也是快活。从前我在秦淮，总是要有自己的性子。不愿意和别人一样，也不愿别人跑过来学我，和我一样。记得有一次红姑娘，就是那个被庞公子幸了的那位，见到庞公子夸我头上簪的玉兰漂亮，她第二日便也来学着我，簪在头上一朵比我的还大的玉兰。你可知真是笑死我也。女子簪花，本就图个小巧，起个点缀作用，于不经意间绽出幽香，才最是赢人。姐姐可还记得，从前我们学画儿时周先生便讲过，想要着重突出什么，便要把那物放在关键位置，或浓彩或化大。你说那红姑娘，竟然簪个那么大的玉兰，倒像是她为那花儿做陪衬。"

"你啊，记性还真是好，这么久了，先生的话还记得，我以为你是因为不喜先生才不去学画的呢。"我见她心情好了些，便把话题扯开。

"是了，我确实是不喜欢先生，他总是叫人画一样的画，还把自己画完的让别人临，可有什么意思。"

"妹妹有自己的想法倒是好的，可那时妹妹也真是没少吃苦头呢，这性子可要改改才好。其实妹妹还算是个爱画的，当时不爱画的人有多少啊，都是被自己楼里的逼着去学些才艺，大家都是忍一时是一时。"

"姐姐，你可知道，越是自己上心的对象，便越是容不得别人指手画脚。"她又看向我，"不过倒是没有想到，姐姐可是周先生的得意门生，竟然也不喜欢画画呢。若是他老先生知晓了，可不知道会是什么表情呢。"

"你啊。真是调皮。说来，周先生自我及笄后第二年便出去云游了，如今也不知他在何处，心中倒是想念。

"人这辈子总是要挂念着什么。"她瞧了瞧我。我与她身量相仿，她因天冷，把帽子戴上了，所以听她说话总是有些呜呜的，听的并不大清，我努力又向她靠近些。"姐姐，我总是没有想到今天在这里还能看见你，也没有想到侯公子与襄哥哥竟然是至交。"

"是了，我也并未想到小宛竟然从了冒公子。"这冒襄长小宛十一岁，她唤他襄哥哥还真是有些意思。"从前想着你这性子谁能制服，果然还是你的襄哥哥有些本事呢。"我笑了笑，她望着我的笑不禁怔了怔，旋即回过神来："姐姐你的笑可真好看，我觉得在那秦淮，你当真是数一数二的人物了。"

"你胡乱地说些什么，妹妹就是不容许我这个做姐姐的调笑你几句么，竟然这般的说完呢。"

"那又有什么的，"她眨眨眼，"姐姐何必自谦。我在秦淮的时候性子不老实，喜欢出风头，行事总是让人摸不清路子，是而也算在那一带有些名号。姐姐深居简出，确实到哪里都占尽头彩。我还记得你出闺之宴，那一年你才十三岁，但是那种风情却是让人以为是桃花仙子下凡呢。"

"哦？怎么倒是桃花仙？"

"姐姐皮肤白皙，面色总是粉红，可不就像那桃花仙子，往那以后，我便总是在私底下唤你桃花仙。"

"你这小丫头，我竟是不知你暗地里如此揶揄我。"我上前轻轻握着小拳想要拍打下她的肩，她立马笑着跑开，见我落了空，吐吐舌，做了一个鬼脸。

"你啊，真是小坏蛋，快，回姐姐身边来，再让姐姐好好瞧瞧。"她听罢依言回到我身边。把小脑袋靠在我身上，与我手拉手一起往前走着。"你和那冒公子是怎么相识的呢？"我问她。"这件事啊，说来倒是有趣呢。"她的语气又活泼起来，"我刚到半塘的时候，心中很是辛苦。那本是我的家乡，从前在秦淮为妓也就罢了，谁人知道我究竟是谁，只不过如今就在那家门口，总是有债主上门特意来差辱。"她念念的，"后来有一日来了一个老爷子，我看他锦衣华服，看着就是大户人家的老爷。虽是蓄着及胸长胡，一双眸子确实神采奕奕，透着精光，举止也是文雅，让人看着便是想要亲近。"她握紧了我的手，"没有想到，他竟不是只要我陪着在房里弹个小曲儿，念个小诗而已。那些我本就厌倦了，有些人啊，不要看着像是有些墨水，其实都比不上秦淮的女流之辈。我有时候瞧不上眼，便出言讽刺几句。"她言语又变的孤冷起来，眼神也是一副桀骜不驯的模样，我知道她又是想起了什么从前的气人事儿，便赶忙拍拍她的柔荑："可别说那些粗鄙之人的恶心事，姐姐要听那老爷子的故事。"她娇俏地笑笑，又接着说道："说来也是有趣呢，姐姐你猜怎么着，这老爷子邀我去游西湖，这样子我一离开半塘就是十余天，可也是巧了，就在我走的这几日里，他也不知道从哪里听说了我的名号，竟然来半塘寻我。"说着，她低下头，扭扭捏捏的，一副女儿家的娇羞态。

我见一向性子爽快的小宛竟然这般模样，便明白了，来寻她的这个他，便是冒襄冒公子了。

我有意逗弄她，便故作不解，问道："妹妹说的这个他是谁呀？"她抬起头睨了我一样，见我眼中充满笑意地望着她，知道我是明白她那小儿女意思，有意来问，只是自己竟然不知怎的，无论如何也说不出口。"姐姐聪慧过人，便不要为难小宛了嘛。"我见她放软了语气，更是觉得有趣，继续道："妹妹若是不说，可见是个没有诚意的，不光我这个做姐姐的恼了，也为那个他感到不值呢，在妹妹心中竟然连个名字也没有。"

在苏州的日子，小宛并不好过，家中母亲躺在床上，重病缠身，我虽不知是什么病，只是小宛需要财物来为母亲请医问药。一些债主听说她的事情，也都来落井下石。后来竟有当地的土财主要小宛拿自己抵债。我是知道小宛的性子的，记得从前在一起习画的时候，周先生不喜小宛画些什么蝶儿蜂儿什么的，说那都是后园景致，若是姑娘家只知道这园子里的风光，不往远处看，便一辈子难脱寻常妇人之哀怨恶习。小宛偏偏却是不听先生这些话，自己依旧喜欢什么便画些什么，最终因自己所画之物都是自己喜欢的，是源自自己本心的，是以小宛的画儿也是出挑。

再说那小宛的债主催债上门，这一女孩子家又如何应付，因此也只好重操旧业。把自己卖到了那苏州半塘有名的怡红院，每日卖笑，也是艰苦。

在半塘，小宛也只是卖艺不卖身。她琴棋书画样样精通，就算想卖身，那鸨母也得着琢磨着要个高价钱。可到底也是再是清高，也是个伎人出身，因此董小宛只能如此强颜欢笑了。

那晚我们玩儿很久，才各自归去。那次上元节，便是我最后一次见到小宛了。她本是苏州人士，与我又是同岁，只不过我长她三个月，是而她唤我一声姐姐。我记得她和我们说起过，她本名白，只因抓周时自己抓着一条素白缎子不放。这素白缎子从绣庄里刚刚出来的，众人见这女婴竟然抓了一个缎子，便各有各的解释说辞。有人说莫不是这董家小姐日后要成为织娘承这家业，那到时是要寻个好女婿入赘了。还有人说这素白缎子意味着小姐定是忠贞之人，怕是要成为一代烈女呢。这董家夫妇左思右想，不知给自家小姐起个什么名字好，索性便单表其象，用这缎子的颜色作名字了。

董小宛相貌出众，气质超凡脱俗，只不过为生活所迫，才不得不强颜欢笑。有的时候她那清高的性子便显露出来了，为不少附庸风雅之人所不喜，虽则如此，却也依旧撼动不了她的想法，这么久以来，她也从来没有为谁而改变过自己。她不似我这般，她从不会折辱自己，所以董小宛便为一些真正高雅之人所追捧。有人说董小宛就如一朵荷花，出淤泥而不染。我从前与她交往时，对她直爽的性子很是难忘。她不愿意为人所摆布，自然便会吃些苦头，一个女流之辈更是无法与人抗衡。有一次她大概是因为宾客不喜她常着绿萝裙，便让她立即换了，谁道她竟然立刻又去换了一身绿裙，只比刚才绿得更是耀眼。这一举可是惹恼了宾客，走时也没有给鸨母好脸色看，如此一来，影响了鸨母的进账，鸨母自然对她冷嘲热讽，董小宛郁怒之下，索性便离了秦淮。

早些年，我从不同人那里辗转得到小宛的消息，我与小宛命运倒真是相差颇大。我想起我与她在一起习画时她常吟的一首辛弃疾的《摸鱼儿》，现在想来倒真是别有一番感想。

第四节　金陵河畔订婚约

更能消几番风雨，匆匆春又归去。惜春常怕花开早，何况落红无数。春且住，见说道，天涯芳草无归路。怨春不语，算只有殷勤、画檐蛛网，尽日惹飞絮。长门事，准拟佳期又误。蛾眉曾有人妒。千金纵买相如赋，脉脉此情谁诉？君莫舞，君不见、玉环飞燕皆尘土？闲愁最苦，休去倚危栏，斜阳正在，烟柳断肠处。

剩下的在扬州的日子，我与侯朝宗寻访了一些戏曲名家。他见我对这些感兴趣，便多留了几日，然后便准备归程了。

二月的南京，还残存着几分凉意。饶是如此，我仍是好奇地张开帘子向外张望，只见远处小丘如黛，虽不高峻，却在淅沥小雨中显出雾蒙蒙的温婉，生意盎然。水润的江山透着一股子灵气，我转过头瞄了瞄侯朝宗，正对上他的眼，眸色深深。

雨愈加大了，山色也因此淡薄模糊。雨一滴滴渗进车里，寒气袭人，我不自觉地打了一激灵。"把帘子放下吧，往我这边靠靠。"他淡淡的语气说着，载着满是关怀的情义。他虽是这么说着，我却偏偏忤着他的意思来，挪了挪身子离他又远些，依旧扒着车窗往外瞄。

"嗬，这倒是有趣得紧，我要你做什么，你却偏偏不做什么。"他玩味地说着，也不生气。

我因故意扭过头来不瞅侯朝宗，也不知道他现在又是什么个表情。"有趣什么，我做什么在你眼中都是有趣，我就是简单的撩个帘子也是有趣，倒真是把我当孩童哄逗了。"

"哪里敢，香儿就似那胭脂仙女儿，把小生迷得一时语塞，不知怎么和仙女娘娘说话了。"

我笑了笑，他见我也没真的恼怒，便一把将我搂了过去。手中帘子倏忽落下，马车里变得晦暗得有那么几分暧昧。

我皱了皱眉，不愿被他这样禁锢住，便使了力气想要挣脱。他见我又较起了劲儿，更是不放手。我们就这样僵持着，不多时，我就乏了。我乖巧地窝在他的怀里，借着他的体温取暖，没再言语。窗外的雨声此时变得格外清晰。雨滴打在车厢上，帘子上，地面上，马背上，我便昏昏沉沉地睡了过去。也不知过了多久，马车驶到了媚香楼。

这场平淡无奇的雨意外地让扬州城暖和起来。坊间也多了些卖糖花儿的贩子。雨过之后，天空一片清明。放肆的野猫玩闹着在地上凹处积成的水洼，泥丸四射。水面偶被猫爪子抓过，挠出一道迤逦绵曲的痕迹，似弯刀瘦影，却转瞬涣散开来。

贞丽沐浴完了，倚在鸳鸯藤旁晾着自己乌羽般亮丽的及腰秀发。她一身素衣，未施加粉黛，手执一柄镶金如意纹玉芯木箸，伸进挂在藤架上玲珑古朴的鸟笼里侍弄一对毛色光鲜的文鸟玩儿。贞丽虽已年过三旬，却是目光澄澈。她平日里不与人争风吃醋，淡淡的性子。有时我犯了错，她也不做犀利言语，只是几日不理我，让我自行改过罢了。她喜爱那些山野性灵，小禽小兽在园子里养着。我从记事起差不离就一直跟在她身边，便也常常照看她的那些宠物们。

贞丽此时笑吟吟地用那煞是金贵的木箸，把那一端蘸了点儿水，向其中一只鸟儿的嘴里喂去，一边口中唤着："来，重染，喝水。"笼中的另一只鸟儿蹦跳着，焦躁不安。它望着重染衔在嘴中的木箸嘶声利叫，扑棱着翅膀几欲扑去。这鸟笼才只有三岁幼童怀抱大小，它不敢飞，便将两只小脚倒得迅捷，立在了木箸上，睨视着重染。重染依旧衔着木箸，没有松口，气势俨然一只小雕。两只鸟儿雄赳赳地对峙着，因为身子小，显得很是可爱。

我打门口进来的时候，便瞧见这么一副场景。贞丽调弄着两只鸟儿，时不时笑笑。她见我进来，便停了手，拿了帕子擦拭了一下木箸。

"玩儿得可是开心？"她问我，眼里泛着喜悦。大概是盼我回来多时了。

我抿了一口茶水，低头不语。

"有什么好害羞的，开心便是开心，老实地和娘说就好，娘还能几到处嚼你的舌根子不成。"

"娘，您瞧您说哪里去了。"我见她要挑我的礼，于是赶忙辩解。"我只是想着这日娘身边少人陪伴，自己却出去找乐子游山玩水的，为自己的不孝生了愧，才不知怎么答娘的问。"

"你这小妮子伶牙俐齿的，和那侯公子出去几日，见见外人，礼数也是周到了。娘怎么会怪你，有你这么个女儿不知添了多少福气。"

贞丽笑着看我，亲切极了。她一辈子没有自己孩子，我到她身边时也已经八岁了，早已明了事理。加之自己和姨母感情深厚，若不是家道中落自己怎会流落这种烟花地。过往深植，和她终究是有些生分的。我不知她少时在哪里长大，她从未提起过，我了解她的性子，知道多问了只是讨嫌。

"娘，我虽不是你生的，却是你养的。人都说那滴水之恩当涌泉相报，遇到您这样儿的善士，但凡是个有良心的，都知道自己今日的福分全是从娘那儿得来的，这几日随公子出去游赏，虽然悠然快活，心中却是牵挂着娘。这可不是什么客套话，都是真心的。"

贞丽还是笑着看我："我们香儿倒是开朗了些，也是好的，从前总是那般内向，天天藏在阁子里看书，都要没了生气了。改日我还要谢那侯公子，不如哪日再把他请来，香儿看如何？"

106

她这么一说，我倒真是思念起侯朝宗来。但是女儿家如此主动，实在是失了矜持。贞丽见我如此，大概是懂了我的心思。她起身踱了几步，我见她这般，心竟"突突"地跳了起来。

"香儿年纪也大了，有些事情该是自己做主。芍药开时，花满池潭。现在想想我像你这么大的时候，总是错过了什么。现在你跟了我，我便再也不想让你遭这些罪。我性子冷淡，膝下只有你这个姑娘陪着，算是最亲近的人了。那侯公子想是真心待你，前几日柳先生也来向我透露了这个意思。我现在便是来问你罢了，你若如今愿意，不似从前那般倔强地誓死不嫁，把话说得那么绝情，为娘的自然不会亏待你，风风光光地嫁出去，我们秦淮河的女儿比得了任何一家闺秀金贵。以后你多回来看看我便好。你若是不愿，我还能逼着你不成，总共就这么相互照应着，你留在我身边陪我逗逗猫儿喂喂雀儿，此生也算是满足了。"

其实我从未想过李氏要将我许人。直到侯朝宗出现。其实就在侯朝宗出现后，看着李贞丽一直忙着如何能把我推出去，我也觉得她是有心计的。不过把姑娘攥得紧紧儿的，趁着年轻貌美多为自己赚些钱的鸨母放眼皆是，哪有几个是为自己姑娘的婚姻谋划的。我心下动容，一时不知如何回答。思来想去，也不知道这李贞丽打的究竟是什么主意，只是现下我对侯朝宗倒真是上了心思，如此顺着李贞丽的意思，倒是不会有什么差错，便说道："女儿有了您这样的娘，也是前世的造化。侯公子青年才俊，虽是屡试不第，却未自甘堕落，果然是有些名门后代之风尚的。女儿饶是在这被人夸奖着，终究是个风尘女子，只怕侯公子嫌弃。"

"成，知晓了你的心意就好。什么嫌弃不嫌弃的。若不是阮大铖翻起旧账，我倒真是不知道我的女儿竟是出身高门巨族。好了好了，侯公子那里的意思我可是清楚得很，昨日柳先生还与我说起，若是提亲要挑个怎样的日子。现下问清楚你的意思，我便赶快着手把这事儿给做了。"

李贞丽说罢，便催着我回屋子。她把我送了回去后，又径自出门，许是寻柳先生去了。

我在床上躺着。确实是乏了。一路陪着侯朝宗四处寻访，虽才半月，但是舟车劳顿，身子骨儿还是不大挺得住。盯着床帏看着，上面绣着并蒂莲，忽地想起他与我互换的荷包。我从腰间取出那荷包，里面还有不少银两。我把荷包扔到一旁，昏昏沉沉地就睡去了。

我与侯朝宗的婚期便定在三月十五。这自是个吉日，宜嫁娶宜沐浴宜祭祀，宜室宜家。那时的我以为自己有了一个归宿，我可以称之为家。那里有我心爱的男人，以后还会有我疼爱的子女。只是我并不知晓，有些事情并不像我想的那样简单的美好。

纳采，问名，纳吉，纳征，请期，亲迎，这是自古便有的礼数，正规人家的嫁娶那是缺一不可。李贞丽确实待我不薄，面面俱到，一样不差。我与侯朝宗自苏州归来，他们便一直操办着我与侯朝宗的婚事，而我作为待嫁少女，是理应守规矩在家中学那妇道的。只是在这上面，无论是侯朝宗还是李贞丽，都并不上心。我本就出自青楼，虽是卖艺不卖身，只是这伎女每日抛头露面，就算是会什么文人雅士，也是不应该的，再去学什么妇道，当真可笑了。

我性子自幼好文静，喜欢独处。若非自己有眼缘，投得来的，断不会有过多交往。我从前的恩客便是精挑细选，人品相貌都是一等一的，李贞丽在这上也绝不放松。这鸨母养着闺女，便是要往天上捧也不过分，若是连那泼皮无赖也能在我面前撒野，这身价也是只有往下掉的份儿了。我那恩客如今他们见我要出嫁于侯朝宗，竟是纷纷来贺喜，还有人让我在出嫁之前求我最后为他抚琴一首，唱戏一折的。我见他们如此，心中也是高兴，总算没有什么衣冠禽兽忘恩负义之辈，确是以才情相交的，虽然有人也是仰慕我的姿色，但是为才子仰慕，也是一大幸事。

一日我在自己房里想着前些日子随侯朝宗同行时所见景致，便要画一幅小黛图。我研好了墨，提笔寻思半晌，却是没有个思路，不知如何下笔。就在我恍惚之时，那笔尖之墨竟然滴在了纸上，慢慢晕染开来。我见那墨斑竟然自己化成奇石之态，心中一动，便就势落笔，放下那原本想要绘小黛图的想法，要去画奇石。只是我这一路上并未见到多少奇石，所以也只能凭着自己心中所想，随意着笔，没有分寸。只是这没有分寸竟是有着没有分寸的妙处，不多时，奇石之奇倒是被凸显得淋漓尽致。

有步履走动，我抬头一看，是小玲端了药汤进来。我近几日偶感风寒，虽无大碍，身子到底是不利索，这大婚将至，我竟然身子是这样的状态，李贞丽也很是着急。便吩咐小玲每日为我熬两次姜汤服用。我看见姜汤被盛在一个白瓷碗中，大概是又加了少许红糖，颜色殷红，很是喜人。竟然有些舍不得喝了。我吩咐小玲把姜汤放在一旁，又取了一张纸，开始临摹起这白瓷红汤来。

小玲在一旁见我如此，说道："小姐可莫再耽误了，趁着姜汤还热着，赶忙喝了吧，身子早些好了才好啊。"

我没有听她的，依旧勾勒那瓷碗的轮廓。忽然小玲道了一句："侯公子您来了。"紧接着，我手中的笔便被夺了过去。我抬头，果然见到侯朝宗一脸怒气地看着我。我见他脸色不好，竟然也有些生气。

"香儿你怎么不好好吃药，若是身子一直如此，可怎么好。

"我的身体是我自己的事，只是我还没有过门，你就开始不问我的意思公然夺我的笔了，你可有什么说法。"

侯朝宗见我这么说，挑了挑眉："哦？我还不是为了你的身子好。你和我去趟苏州回来便得了病，我可是有责任的，再说，你可是我未过门的娘子，自然是热切，见你偏要去描摹什么瓷碗，赶忙地夺笔又有何不妥。"

"只是你未问过我的意思。"

"香儿，有些事情明明就是你做错了，为夫自然是要将你斧正。我若是执意劝你，你也不会停，你看刚刚小玲那般劝你，你不还是由着性子来。"

我见他如此"你错了"地说着，心中怒火中烧。没有想到我还没有过门，侯朝宗想要时刻管教我的本性便露了出来。我又不是三岁小孩子，难道自己想先画一幅画儿再去喝了姜汤都不被允了么，都要被管教了么。

我冷笑一声："公子，你可莫要这么说，由着我的性子来？没有您的管教这么多年我可还是活得好好的，没有病死。这风寒我又不是第一次得，眼下也是要好了，自是不会误了您成家立业的大事。只是你竟然夺我的笔，便是让香儿觉得不妙了。今日只是因一碗姜汤而夺笔，怕是明日你便要将香儿的画案掀翻吧。"

"你怎么这般无理取闹？我明明也是为了你好。"侯朝宗看着我，面色凝重。我自是不甘落后。我自幼便是不愿让人管教的，虽是依着大家的意思学了这般那般的东西，不过那些也确实是自己心中喜欢的，便投了精力。只是有些时候自己那股执拗的性子上来了，便是不容他人插嘴半句，李贞丽也有争不过我的时候。侯朝宗我原本还觉得性子温和，现在看来只怕都是表象罢了，竟然有如此控制欲。我继续冷笑着看着他："侯公子，我自是知道你是为了你好。只是若是你以后事事都以为了我好的旗号管制于我，那便是不要再为了我好了。这好，我可受不起。"

说罢，我收拾画案，然后举起那碗姜汤一饮而尽。

我从怀里掏出帕子擦了擦嘴角，直视着他。他见我如此，也是一愣。随即勾起了嘴角，说道："好，一介女流却有此霸气，倒是不愧为我侯朝宗之妻。"他上前一把搂住我便吻了上去。

我刚刚喝完这姜汤，口中辛辣，只是碍着他在我面前，所以没有还是硬挺着没有漱口。此时他又强吻上来，倒也是尝了这姜汤的滋味。他皱了皱眉，却是一直吻着，并未为之所动。我看着他如此，知道也是个喜欢逗强的。便咬了咬他的唇，他吃痛闷哼一声，还是没有放开。只是这可苦了我了。我因为用力过猛，竟然将他咬出了血，那腥味直冲我的鼻腔。我受不来这样的血腥气，因着刚刚本就喝了过多辛辣的姜汤，只觉一阵恶心。

我推开他，抚着胸，喘着气。我本想叫小玲给我倒些水来，只是环视屋子一周，发现小玲竟然不在。想是看到侯朝宗来了，便自动地推门出去了。我看着一脸挑衅却难掩得意之色的侯朝宗，便有些生气。

"怎么？怕了，香儿不是很厉害么，真是吓怕了为夫了。"他说着。

"你莫要'为夫''为夫'地叫着，还真是羞人。"我本欲再说下去，只是忽然胃中一紧，竟然呕了出来。他见我这样，不禁有些慌张，连忙上前扶着我，轻抚我的背："香儿，你这是怎么了，可是被为夫气到了伤了身子？为夫再不夺你笔了，为夫再不自称为夫了……"

我被他这样子弄得只觉好笑，但是多余话也说不出来，便指了指桌上的杯子和茶壶说道："你去给我倒些茶水来。"

他闻言赶忙跑到桌子前倒水，一边倒一边说："这水有些烫，香儿我给你吹吹。"说着便开始吹了起来，我见他如此，没有说话，只是看着他吹。他沾了沾唇，见水凉了些，便递给了我："香儿，给。"我瞥了他一眼，用水漱了漱口，走到痰盂处，吐了进去。侯朝宗在旁说道："香儿现在觉得好些了么？"我摇摇头。

"香儿刚刚是怎么了？"我看看他，又摇了摇头。

"香儿！唉，你是说不说话啊。"我只是看着他摇头。他见我如此，便坐到我身边，我看他不知道要做些什么，只是睁大了眼睛看着他坐下，他却突然开始挠我的痒痒。双手在我腰间挠来挠去，让我实在是想笑。我腰部一直很是敏感，因而他这么一举，真是能制住我。我只是"咯咯"笑着，都喘不过气说话。他见我如此，便说道："香儿啊，你想和为夫说几句么。"

我见他又自称为夫，便想要反驳，只是奈何被这般制住，实在是说不出来什么。他看着我这样，面色又是得意。有的时候我觉得他当真就是个孩子。

"求求你，快放开我。"我苦苦哀求道。

他见我松了口，便说道："怎的，香儿想和为夫说话了？"

我趁他不备，赶忙跑到了一旁，说道："谁要和为夫说话？侯公子，只是不知道什么时候你改名叫为夫了呢。"

"你！"他见我又是耍赖，便说道："香儿，你可是要想好了。"

"我自是想好了，只是你这个为夫实在是叫着别扭，我可是不喜欢。"

"哦？为何不喜欢？"他整了整衣袖，挑着眉看着我。

"我还是黄花闺女，清纯少女，怎的就有了这个夫了。"

"哦？刚刚你不是还是我是叫为夫呢么？怎的现在又说我是夫了？"他笑着说道。

我见他又是这样地调侃我，心中很是不忿，只是奈何又折腾不过他。他力道惊人，怕是大我十倍不止，我便只能好言好语地说着。

"公子，你知道我是说不过你的，像你这样才华横溢的俊俏人物，有多少姑娘喜欢啊，可是又有几个配得上您。"

他见我这么说，怕是觉得其中有些门道，便点了点头，示意我继续说下去。

"我是自信自己的才貌的，只是公子名门出身，所娶之人定是要身家清白才可以。我李香君出于官宦之家，若是追论起祖辈，也算是门当户对。只是身世曲折，竟然被卖到了秦淮，所幸有了一个好妈妈收养调教着，身子也是清白。只是女儿家最重名节呢，在我过门前，公子便调笑于我，我若与公子调笑，这可是女儿家的大忌。公子如此可是要陷香儿于不贞了？"

他见我说得有理，还变着相的把他夸奖一番，便不再一味自称为夫了。他笑了笑，对我道："香儿真是能说会道，也罢，我再挺个两日再改了这称呼。"

"如此，便多谢公子了。香儿既然已经喝了那姜汤，公子的督教也完毕了，公子可是能够走了？香儿还要着手学那女工呢。"

他点点头："我就是来看看你身子好些没，成了，我也先去了，你好生休息，女工什么的不要累了身子便好。"说罢，他指了指自己的唇，上面被我咬的小口子此时已经看不大出了，只是总体来看，还有一些红肿。我见状，忙做痛惜状，假装抹了抹眼角，似是在拭去泪水。他看出我是在调皮，便摇头笑了笑，然后做了一个委屈状。我摆了摆手，示意他赶快离去，不然我又要生气了，他又做出一副害怕的样子，转身便走掉了。

第五章

铅华尽洗，血溅楼亭，不负卿来不负卿

第五节　侯郎远走婚无期

只留我一人在屋子里清静，想想刚才自己不知道从哪里涌上的一股怒气，不禁摇了摇头。其实我也不过觉得委屈罢了，他是男子，我是女子，女子若是想要和男子作对，总是敌不过的，所以才有那以柔克刚之说。从前李贞丽便与我讲起过御夫之术，说是为人妻的，万万不要事事强过自己的丈夫，摆出温顺的样子才能博得宠爱。其实在我看来，若是那丈夫本就无能，做妻子的还是一昧顺从，只怕整个家都要毁了。若是那男子当真值得依靠，只怕这天下间的女子莫不愿意依偎在他的身旁吧。

我不知道侯朝宗是个怎样的人，究竟有多大的能力。只不过他待我甚好，又总是得人赞赏，近来总有人与我说起嫁与侯朝宗是我怎样大的福气。只是这世事无常，我总怕出什么乱子。果然，在我与侯朝宗大婚后的第二个年头，他进京赶考，又是再次落第。

我想起董小宛，那日她与我说起冒襄的屡试不第时，虽是心疼，却依旧是那般坚定："无论他怎么样，我只消跟在他身边就好。跟着他哭他笑，我都愿意。"

永远追随，这便是董小宛眼中的情吧。

侯朝宗从京城赶考回来的那一天，恰好是他的生辰。他满面喜色地进了家门，一脸的春风得意。若不是我早知道他并未及第，瞧着他那神情，便是以为他中了状元也说不定。

我见他进屋，也是一脸高兴。我是不在乎什么名利的，那些虽是有用，可是没有便是没有，并不能证明什么。只要侯朝宗高兴，我便是无忧。

侯朝宗见我正在执着鸡毛掸子打扫客厅，便说道："娘子，怎么这样的辛苦活儿竟然自己来做？小玲呢？"侯朝宗的几位朋友凑了些钱财在莫愁湖畔又把他原来的书轩整顿了一番，样子倒是气派了，也算是个像模像样的宅子。李贞丽也是应了当时对我的承诺，把小玲和林妈妈送与我做了陪嫁，让我把自己的私房钱都拿走，且又送了一奁珠宝。我与侯朝宗住在这愁湖畔，他的小童既做车夫又做书童，倒真是难为他了。侯朝宗不在的日子里，特意让杨龙友时常来照看着。李贞丽也会过来瞧瞧，看看我是否缺了什么。这侯朝宗一走就是一年，虽时常会与我互通书信，只是奈何千山万水，书信总是延迟着，往往收到他的书信，已是一个月后。他有时生病，信到我手里之时，病也是好了。

我见他志得意满，便说道："小玲去集市上买些料子，我想着你要回来了，便准备纳几双鞋给你。"他笑着从我手中拿过那个掸子，说道："如此有劳娘子了，快让为夫把这粗活儿干了，娘子一旁喝喝茶，瞧着为夫，休息会儿吧。"我便把掸子递给了他，他便打扫了起来。

我坐看着忙来忙去的他，只觉得一股沧桑，想必他这一走也是没少遭罪。虽是一年未见，可是我并没有什么陌生感。他是我的夫君，我对他身上的每一个部位了如指掌。他的身体变得更加壮实了，此时干着这种活儿，竟有种违和感。我倒了一杯茶走上前去递给他，说道："让夫君回来便干这样的活儿可怎么成，赶快歇歇，润润唇吧。"然后从他手中接过了那掸子，笑着说，"这样的活儿啊，可是轮不到当家的来做，我一个小女子便可以了。若是夫君当真想要做些什么，便去后院砍柴吧。"

侯朝宗接过茶水，喝了几口，随手放到了桌子上。我望着他，他望着我，这一年未见，我竟是有些尴尬。自打婚后没有多久，他便走了。这一年我便是这样独守空房地过着，不能说我没有怨过，可是那又能怎样？一个男人要是想要一番作为，便是要出去闯荡的，岂能每日与女子缠绵。我虽是不甘不愿，却也不愿自己的丈夫便是那般的懦弱，我愿意看他如雄鹰般翱翔，永远的在他身后，为他纳双鞋也好。

侯朝宗慢慢地将我搂进怀里："香儿，我好想你。"他轻轻地说着，"有好多次我都觉得我再也见不到你了。这一次，我又没有中。"他的语气悲怆，我心中不免伤感。"我没有中，我觉得自己没脸回来见你。"我看他如此，便说道："夫君，你永远是我的夫君，是我的天。朝廷本就荒唐，你若真是高中了，入朝为官，才是我不愿也不敢见到的啊。"我搂住他的腰，"你回来就好，只要你回来了，便是团圆了。这才是我想要的。"

"香儿，你可知我为何如此不甘？我只是不甘为何有才能之人总是被埋没？如此一来我大明江山便是没了出路啊。"

"夫君，一个朝代有一个朝代的命数，只要有明主，我便会认他为主上。只要他能造福百姓，便是这天下易了姓氏，不再是这大明王朝，也没有关系。"我说道。

他赶忙用手捂住我的口："香儿，可不要乱说话。"

"夫君，怕什么，你看那北边儿都成什么样子。"我言辞恳恳地对他说。他看了看我，又说道："香儿，你可知那北边的是辫子不是我汉人啊。若是他们统治了这天下，只怕汉人是要受罪了。"他摇了摇头，"现下，便只有投奔史可法将军了。若有他在一日，这大明总不会沦落到那般不堪的地步。"

我见他如此说，知道他是下了决心要去寻史可法了。只是如此一来，岂不又是一场分别。他才归家未到一日，竟然又要走，我心下黯然。他看了看我，轻轻地吻了吻我的额头。

"香儿莫怕，我还要过些时日再走。待到我在那边安定下来，便接你同去。"

116

我知道无论如何也无法阻止他了，这样的年代，不知有多少妻离子散。我虽是心中难过，却明白有些时候难过和眼泪并没有什么大作用。古代虽有孟姜女哭倒长城之说，只是那北边辫子们的旗杆子，不是我这女流之辈哭便哭得倒的。我的夫君有他的一腔热血和抱负，我既然选择成为他的妻，便是早已选择了自己的命运。或许这早就是命中注定的，不然我又怎会天生便一腔豪情。我若是男儿身，必要承了父业，上阵杀敌。若是身子强壮些也好，便可效仿那花木兰了。

我转过身去，背对着侯朝宗，吟了起来：

"唧唧复唧唧，木兰当户织。　不闻机杼声，惟闻女叹息。问女何所思，问女何所忆。　女亦无所思，女亦无所忆。昨夜见军帖，可汗大点兵，　军书十二卷，卷卷有爷名。阿爷无大儿，木兰无长兄。　愿为市鞍马，从此替爷征。　东市买骏马，西市买鞍鞯，　南市买辔头，北市买长鞭。旦辞爷娘去，暮宿黄河边，不闻爷娘唤女声，但闻黄河流水鸣溅溅。旦辞黄河去，暮至黑山头，　不闻爷娘唤女声，但闻燕山胡骑鸣啾啾。　万里赴戎机，关山度若飞。　朔气传金柝，寒光照铁衣。　将军百战死，壮士十年归。归来见天子，天子坐明堂。　策勋十二转，赏赐百千强。　可汗问所欲，木兰不用尚书郎；　愿驰千里足，送儿还故乡。爹娘闻女来，出郭相扶将；　阿姊闻妹来，当户理红妆。阿弟闻姊来，磨刀霍霍向猪羊。　开我东阁门，坐我西阁床，　脱我战时袍，着我旧时裳，　当窗理云鬓，对镜贴花黄。　出门看伙伴，伙伴皆惊忙：　同行十二年，不知木兰是女郎。雄兔脚扑朔，雌兔眼迷离；双兔傍地走，安能辨我是雄雌？"

第五章　铅华尽洗，血溅楼亭，不负约来不负卿

117

这首辞本就是我最爱，现下我满腔悲愤，全是爱国之情，如此吟来倒是别有一番味道。侯朝宗拍拍手道："好！我家香儿果然是有胆识，我侯朝宗没有娶错人。香儿若是再壮上些，怕是我们家要出个女将军呢。"

我见他说起什么壮不壮的，便接道："这是没有办法的事情，我天生便是如此娇小，相公何必再刻意强调呢，真是折了香儿的抱负呢。"

他见我这么说，知道我是有些失意，便说道："香儿这般样子才是美丽。若是如那虎背熊腰的大汉，我侯某可是不敢要了。若是自己再去挠那样壮的香儿的腰，怕是香儿立刻便一拳把我打昏在地了。"

他这般打趣我，我倒是觉得开心。我知道在他心里，其实中不中举并没有什么大关系。他早就知道自己的才学几何，只不过想再赢些别人的夸奖罢了。那浮夸的功名要了又如何，每日如猪狗般丧着良心说话办事，那时候才是真要悲哀与苦楚了。

我笑着说："相公真的好久没有这样和香儿说过话了，香儿想相公了。"

侯朝宗见我这样笑着，也跟着笑着，然后一把将我抱起："香儿真是小傻瓜，若是想相公了怎么不告诉相公。"

我垂下眼睑，只觉得有些难过，说道："就算告诉相公，相公也不会回来，何必说呢，倒是添了相公的牵挂。"

他闻言，亲了亲我，把我抱着进了里屋，坐在了床上。我整了整他的衣襟，低着头。他见我如此，又说道："香儿如果想相公了，告诉相公，也让相公知道自己还有人牵挂着。不然每次我都热切地给香儿写信，香儿却只回些安好勿念的话。若不是了解你的冷淡性子，倒真是让人寒心呢。"

"那相公懂得香儿的心思，了解香儿的性子，便是不寒心了？那也好。"

"你啊，就从来没有闲下过，偏要和我斗嘴。"说着，他便吻了上来，我也热情的回吻着，感受着他的气息。他将我鞋子脱下，然后拉下床帏，只见一室春色旖旎，窗边的一枝桃花正开得俏丽。

侯朝宗在他生日那日赶回，原本便是想要自己最亲近的人能在他生辰之时陪在他的身边。我那日本就备下了酒席，想着若是他不回来，我也借着这由头，和小玲、林妈妈一同好好的吃上一席，感谢这么久以来她们对我的照料。侯朝宗见我备得齐全，有酒有菜，以为我竟是与他心心相印，知道他要回来，因此喝得也是开心。我见他如此，也没有再多加解释。他能多开心开心也是好事。

又过了大约一个月，他便又与我提起了投奔史可法之事。这一个月里我一直都想着这事情，吃不香睡不好，倒是消瘦了。他心疼地捏了捏我的脸蛋儿，说道："从前香儿脸上还有些肉，怎么相公回来这些天，反而眼见着瘦下去了呢。"我看着他蹙着眉头的样子，想到这个心疼着我的人又要出去受那奔波之苦，竟然心酸的流下泪来："相公，你什么时候回来，告诉香儿，香儿也好有个盼头。"他为我擦了擦泪，说道："香儿也真是的，怎么好好的就哭了起来。为夫都说了，等我那边安排好了，便接了香儿过去。"

"相公，我便不能和你同行么？"我看着他，一脸期待地说着，"就像冒君和小宛那般，你我也如此可好？"

"香儿，这一行可是比你想象中的要险得多。我只想护你周全，万万不能让你有任何闪失。"

我见他如此坚持，心中想想也是。我若是去了，只怕也是个拖累，还不如留在这里，替他看家守业，只等他想回来的时候有人给他洗衣做饭。

我知道自己并不应该如此放纵自己的眼泪，只是临别在际，实在是忍不住了。他从怀中掏出了一块帕子，只见那帕子的一角上秀了一朵小小的桂花。我才想了起来，这是我与他初见时，被风吹到地上的那一方。我不知道怎么竟到了他手里去。我把那帕子接过，只见上面竟然写着我的名字"李香君"三个字。我见那字迹飘逸，知道这是他的手笔，便笑着低着头又将帕子叠好，放在他手里："相公，明日你便要走了，这帕子从此便替妾身为你拭去汗水。无论发生了什么，你可千万要平安回到我身旁。我已经失去了太多的亲人，便是无论如何也不想再失去你了。"说着，我又流下泪来。他见我如此，便拿着那帕子为我擦泪。

"香儿的帕子被相公拿走了，从此你可就不能再哭了。不然没有帕子擦泪，相公放心不下，便只能留给香儿。可是相公若是出了汗，被风吹了可怎么好呢。"他作忧思状。我看着他这般模样，不禁破涕为笑。只是一想到这是在道别，便又哭了起来。

"那趁着相公没走，帕子还在，便让香儿哭一场可好？不然香儿好难受啊。"他见我如此伤心，不禁也是难过。他一把将我抱住，抚着我的发，沉默了好久。

也不知道过了多久，我竟然在他的怀里渐渐睡去了。再醒来时，外面天还没有亮，我见侯朝宗已为我把外衣褪去，和他并着躺在床上。我为他披好了被子，看着他熟睡的面庞，瘦削的脸，挺直的鼻子，还有微微颤着的睫毛，便上去吻了吻。我见林妈妈早已起来准备做饭，便上去帮忙。我想为他临行前亲自下厨，让他记住家乡的滋味。

第六章

独守寂寞，铩羽而归，不成白头亦无悔

驿外断桥边，寂寞开无主。

已是黄昏独自愁，

更着风和雨。

无意苦争春，一任群芳妒。

零落成泥碾作尘，

只有香如故。

第一节　趁虚而入叹恶徒

侯朝宗已经走了三个月了。春变成了夏，天气渐渐热了起来。最初我还时常收到他的书信，渐渐的，书信也少了起来。我不知道他在忙些什么。我毕竟是女流之辈，就算有什么志向，男人家也不会和你细细道来自己究竟做了什么。我就这样每日闲着做些手艺活儿，做些字画去集市上卖钱。日子过得还算是宽裕。

一日，我正在书阁里整理，突然小玲走了进来，她绕了两个架子才看到我，便说道："小姐，夫人来请你去媚香楼呢。"李贞丽自我出嫁后，偶尔会来看看我，只是自打侯朝宗上次回来后，便没有再来了。许是她见侯朝宗并未高中，心中起了嫌弃之意也未可知。李贞丽是俗气并义气着，她贪着名利，只是因为她知晓这世间还是要靠名利来说话。谁有了权有了钱，谁便可以主宰更多，选择更多。或许她便是因为有着这俗气的贪念，便有了那义气的资本。每当有人需要财物时，她总能打开自己的腰包，没有一丝吝啬。我自出阁，嫁妆都是由她来置办。我知道这些年来她在我身上也算捞到了不少，只不过她还是容着我存私房钱。她未曾打骂我，从来都是关心的样子。因为她也是知道，若是严苛对我，只怕我会逆着她来，如此便失了我心。若是放纵的养着，我有时也会念着她的好，听着她的话。这样母女同心，便是更好经营这媚香楼。

李贞丽这回让我去，其实我也是有些想念她。我每日操持着家中大小事宜，虽说侯朝宗走了，可是他阁子里的书我却要整理着，一日不能马虎。

我本是爱书之人，这阁子里的书除去他自己四处搜罗的，还有一些是他那些友人寄放于此的。我怕生了虫，也是怕杂乱堆放日后不好打理，便上手收拾了起来。如此便是有些时日，没有去那媚香楼探望李贞丽了。

我见小玲神色匆匆，知道这回李贞丽怕是有什么要紧的事。我听罢，便让小玲吩咐车夫在外面先候着，赶忙换了衣衫，我想着虽是有急事，可是这妆容不能有半点马虎。若是让李贞丽瞧出我的憔悴，指不定她又要想出什么法子来为我的前程做打算了。

我着了一件桃粉色的罗衫，便随小玲走了，让林妈妈看着家。又走过东郊的路，心中有些难过。上次从东郊回媚香楼，是有侯朝宗陪着我省亲的，如今依旧是这条路。从前我不是来这里看他，便是他送我回去，总是少不了他的身影。如今竟是不见他，只有这路两边的花儿绽放着，如从前那般。我心下苦涩，不知从何说起。是叹这人世无常，还是叹这物是人非。有些事情便是只能藏于心头不言，暗暗闷在胸中煎熬罢了。

小的时候我总是想，明年的这个时候我会在做些什么。后来大了，事情多了，苦恼也多了，便很少去想这些事情了。若是现在让我想明年此时我会做些什么，只觉得这才是苦恼所在。其实有的时候人不应该去想那么多。就算去想了又如何，你能控制得了吗？有些事情当真是命中注定的。想逃，逃不掉；想避，避不了。这便是命数。有些痛苦你注定要遭受，其实那也只是一时难过罢了，可不管那一时是短暂还是漫长，你都要把那段时日渡过。人生不会是一直暗淡无光的，不过就算是一直都暗淡无光又能怎样。你活过，如此便足够了。就算你不想活着，可是死了又真的有什么乐趣吗？还不如先把这辈子过完，看看它究竟是个什么模样。如若当真是悲惨的一生，你也可以笑着说，我有着如此悲惨的一生，没有任何幸福，或是这幸福少得可怜。有些人死后才名垂青史，小的时候我常为他们摇头叹息，他们都死了，要这名分又有什么用呢？可是想来，他们大概本就是不求这名利的，所以无论生前死后，这名分来的是早是迟，他们都全然不在乎。

有的时候我在想，侯朝宗为何要去投奔史可法。在我看来，他只是叹息自己英雄无用武之地罢了。他相信自己的才华，那才华并未锋利如宝剑，可以刺向敌人，而是尖锐如匕首，只是芒光微显。这世道太荒唐昏暗，让人连前方的路都看不清，又怎么会看到有才华之人身上的光彩。而这一切，都是命数。我是越来越相信命数。自古怀才不遇者甚多，如此，便多了你侯朝宗一个也不算多。自古明珠暗投者多，如此，便是少你侯朝宗一个也不算少。只是希望这次侯朝宗可以得到器重他的人，莫要明珠暗投。

不知不觉，车子停在了媚香楼门前。我被小玲扶着下了车，一眼见到有人已经候在了门口。我一打量，竟然不是李贞丽，而是一个容长脸的中年男子。那男子一袭灰色锦服，映着这阳光，倒是颇有些虚张声势。我不知道他是什么来头，便想要绕过他继续向前走，没有想到竟然被这人拦着。

"侯夫人，你可是不认得老夫了？"那男子双手作揖，向我说道。

我听着声音熟悉，待到见了他那容长脸下的一把胡子，忽然想起他便是阮大铖。

我心中一惊，不知道这阮大铖怎么竟然寻上我来？不是李贞丽叫我来的么，怎的他又来了这么一出。我还是以礼相回。他见我心中大概犯着嘀咕，便解释道："老夫原本也是不想叨扰夫人。只是我有一位朋友，仰慕夫人已久，我见他如此，若是不见上一面怕是要相思成疾了。因而特意上媚香楼求了丽娘，只是怕夫人不愿，所以没有点明原因便让夫人来了，现下老夫便给夫人您赔个不是。说完，他又是一拜。紧接着，又着人捧了一个盒子。我见那盒子是木制的，样子精巧，甚是可人，上面雕刻了一副喜上眉梢图，便多瞧了一眼。他见我有了兴趣，便赶忙赔笑道："这是老夫特意为姑娘寻得，里面有些好玩儿的物什，还望姑娘笑纳，不然老夫不安心啊。"

我心中只是冷笑，面上却也只好做出恭敬状。我不知道这老东西是又要耍什么花样，之前把我弄到井里，还查我的身世，如今又打着李贞丽的名号把我骗到此处，想必是知道侯朝宗此时并不在南京。他送我这东西，我原本是不想要的，只是一来这花样还真是精巧，二来，自我主持家务，方才明白一文钱都是宝贵的，如今这盒子拿去补贴家用，虽说是拿人手短，吃人嘴短。只是李贞丽从来便是那种不要白不要的人，想来她也不会怪我。再者我本就厌恶阮大铖，占他便宜也无妨。

说着，便眉开眼笑地让小玲收了那盒子。小玲接过那盒子的时候，只听盒子内叮当响，也不是道究竟是些什么，管它是什么呢，回去再看看吧。

阮大铖见我明眸善睐，很是端庄秀美，便也是一副开心样子。见我收了盒子，更是放下了心，以为我是明白了他的意思，于是便邀我进了媚香楼。甫一进楼，便见李贞丽迎了上来，却不是冲着我，而是冲着阮大铖。我知道从前李贞丽很是厌恶这阮大铖，只因这李贞丽的恩客也大多是复社之人，因而与这阮大铖有几分不对付，李贞丽便连着厌恶起这阮大铖来了。再加上阮大铖曾经将我掳走，她当时虽是没有明说，却肯定放在心上了。我心中只觉得有趣，不知道今日李贞丽是着了什么魔道了。

原来阮大铖似是近日春风得意了，我听着李贞丽忙称呼阮大人的，要人备上酒席。那阮大铖与李贞丽打着哈哈，推说道："丽娘别急，我还有一位朋友，稍后就到。他早先仰慕侯夫人之姿容，只是一直未得以相见。近日算是闲下了，便每日来我家中，要我将侯夫人介绍与他。"

"这……"李贞丽这才抬眼看了看我。我心中不快，只是不知如何发作。他阮大铖当我还是从前的那个李香君？如今我早已嫁做人妇，怎么可以轻易会见其他男人，这若是传出去，不光我会为人所齿，侯朝宗的颜面又往哪里存。

阮大铖倒是会说话，见李贞丽看了看我，知道这是要看我的意思，便说道："夫人不必担忧。夫人是侯公子的家眷，我自是不愿让你们二位名声有失。因为这个，我才想着邀侯夫人来你这出阁之地，媚香楼。我与丽娘算是陪客，让我这朋友见你一面，也不算失礼，只当是朋友间的小聚罢了。自古就算是英雄也难过美人关。我这朋友虽然不敌那侯公子文武双全，却也是这地方一霸。"

李贞丽听他说这地方一霸，不禁讶然。她用帕子遮着嘴以来掩饰尴尬。我见她如此失态，便赶忙斟了一杯酒给阮大铖，让他不要注意到李贞丽这般神情。阮大铖见我如此热情，很是开心，便接着说道："想必二位也是听说过的，我这朋友便是田仰。"

"果然是田老爷。"只见李贞丽一脸担忧地看着我。我并不知晓田仰的名号，见李贞丽这神情，怕是她知道其中的蹊跷。便对阮大铖说道："既然是田老爷，初次见面，我怎能如此打扮，蓬头垢面的怕是要重新收拾一番了。母亲，你且来我帮我择件别的颜色的衣服吧。"

阮大铖见我这么说，急忙说道："侯夫人无需如此，夫人您这身很是衬您面色，艳丽无双。"我低头道："只是妾身还是素淡打扮比较迎人呢。"李贞丽知道我是要与她说些什么，便也急忙说道："是了，我这里恰巧有一套新做的衣服，很是合我们香君的风采。阮大铖，我们香君既然有这心思，你又何必拦着呢。"说罢，便笑吟吟的要拉我下去。阮大铖见状，便说道："唉，那便劳姑娘费心了。"

我与李贞丽退下堂来，只见李贞丽一脸焦躁地对着我说："香君，你可知道田仰是谁？"

我见她如此神情，知道怕是不妙，便说道："娘您且说着，女儿对此事一无所知啊。"

"你啊，可真是摊上灾了。我这可怜孩子，可不知道怎么命就这么曲折。"她揽着我道，"田仰是这儿新来的县老爷，原本是一个地主，家里田宅无数，便买了这么个官儿当当。他怕是每日和这阮大铖一处吃酒取乐，交情才如此之好。"

我见李贞丽说的这些没有什么，便不以为然道："那有如何，田仰究竟有哪般厉害呢，娘您竟然这么与我特意说来。"

"田仰啊，最是好女色。"李贞丽叹了口气，终是说了出来，"你可不知道啊，田仰竟然有七房姨太太了。一个个都如花似玉的，其中四个都是我们这秦淮出去的。我也不知道说些什么，只是怕是田仰是看上你了。"李贞丽哀伤地看着我。

"可是，我已经嫁给了侯公子，他还能强取豪夺不成？"我想着自己早已嫁为人妇，就算田仰再荒淫无度，又能如何。

李贞丽见我还是不紧不慢的神情，便说道："你个傻孩子，你以为田仰什么做不出来？田仰若是做不出来我还能这般担忧你？他啊，便是一个衣冠禽兽。前些日子你可知道朱家儿媳妇之事？"

那朱家儿媳妇之事我确实知道，只是不知为何，李贞丽竟然与我提起了这事。

"那朱家养着个秀气的姑娘，叫做萍儿的那个。那丫头我也是见过的，长得紧俏，人也老实，本来打算长大了就嫁给自己儿子的。只是也真是不知道造了什么孽了，偶然去门口取个糕点铺的食盒，竟然被路过的田仰给瞧上了。他可是这一方的父母官，谁敢不听他的。况且这朱家小门小户的，又有什么能耐。结果啊，田仰竟然就硬生生地让人把那姑娘抢了去。那姑娘本就和朱家儿子一起长大，虽是长那男孩两岁，可也算是青梅竹马，眼见得婚事被拆了，那姑娘性子刚烈，竟然直接自尽了。"

这事情我是知道的，只是自己当时在东郊，这便是侯朝宗刚走的时候发生的事情了，当时闹得沸沸扬扬的，我知道朱家的小童养媳死了，只是没有料到竟然是这么个由头。原来全是田仰干的好事。

"那萍儿去了后，朱家儿子也是每日疯疯癫癫的，朱家老爷子见儿子这样，便一病不起，眼下也是要没了。只剩了一个老太太，每日不停哭着，眼睛也哭瞎了。"

我心中一怒，想着这事情倒是没有人来管管么，回过头来一想，当今便是这样的世道，都是恶人持刀横行，好人中刀横卧的年头。只是如今田仰算计到了我头上，可如何是好。

李贞丽见我如此犹豫，知道我是明白了这其中的门道，便说道："香君，可不要这个时候上来你那股子倔强脾气。你且假装顺了他的意思，不到万不得已，千万不要和他撕破脸。若是可以，便往后拖着时间，我且报信儿与侯公子，看看他有什么法子。"

我想了想，也只能这样了，便去了李贞丽房中匆匆地换了一件素淡衣服，又描了描眉，而后去前堂再见那阮大铖。

进了门，便见阮大铖与李贞丽正把酒言欢，李贞丽向我使了一个眼色，我见状便也迎了上去。阮大铖此时醉眼蒙眬，见我如此打扮，竟是蓦地睁大了眼睛。

"侯夫人当真是秦淮当真………"他此时说话也说不利索了，我见状，怕他一会儿又做出什么过分的事情，便忙令人倒了些醋，给他弄了一小盅，让他以为是白酒，顺势喝下。

阮大铖并未料到这盅里是醋，一脸惊讶。我见他如此。知道这他的酒醒得差不多了。他仔细看了看我，说道："侯大人这是给老夫喝了什么？"我嫣然一笑，道："这啊，是专门为阮大人备下的呢。"李贞丽也急忙说道："我们媚香楼要是与客人喝酒，每喝了十杯，便要喝这么一盅白醋，以来计算喝了多少。"

阮大铖似信非信地看了我与李贞丽一眼，说道："可是刚刚老夫可是喝了不止十杯啊。""那些便都不算了，适才阮大人喝得太急了，我们还来不及计算呢。"

那阮大铖见我与李贞丽都是好言好语，又是娇媚美人，自然也是愿意被哄骗，也就没有再追究什么。

第二节　欲纳香君入田家

正说着，又有人进来了，只见是一个着着黄色衫子的中年男子。想必他便是阮大铖口中的田仰了，这二人虽然称兄道弟，可是他看起来倒是比阮大铖苍老上不少，大概是平日里纵欲过度的原因。我心中虽是不愿意直面这人，可是想着刚刚李贞丽的话，知道有些事情我是怎么躲它，无论如何也躲不开的，便随着李贞丽向前行了个礼。阮大铖此时还是微有醉意，不知是太过投入了还是怎的，竟然没有看到田仰进来。田仰见我，只是抚着胡须打量着，并未似寻常男子见我时一脸惊诧状。我见他如此，知道这也是个阅人无数的，可不能掉以轻心了。便是小心谨慎地应付着。

田仰哈哈大笑道："阮大人，你这是怎么了，难不成是被美人迷住了？竟然连我也睁眼瞧不见了。"

阮大铖睁着迷糊双眼，见到是田仰来到自己身边，连忙握住他的手说道："唉呀，田兄，你可算来了，可把我等惨了。我被二位美人都要灌倒啦，你来了倒是帮帮忙。"

田仰一把从桌上拿起刚刚李贞丽为阮大铖斟好的酒，一饮而尽。李贞丽见状，忙拊掌称妙。我见状又为他斟上一杯。田仰有些惊喜地看着我，举起酒杯，又是一饮而尽。我便又为他续杯，他又是毫不犹豫地一饮而尽。如此十次，他一口气喝了整整十杯，竟然没有一丝醉意。我见他面不改色，心中也是一惊。看来田仰也是个混在酒场的人物，想必身子必是壮实，不然怎么会如此贪图享乐还没有身子垮掉。不过，苍老倒是苍老。

李贞丽见田仰连着喝了十杯，便依着刚刚对阮大铖的法子，又给他倒了一杯醋。他也是照旧喝了下去，并没有任何推辞之举。只不过整个过程，他都没有说一句话。末了，他见我们不再续杯，便放下杯子，作揖道："田某这厢有礼了。刚刚给侯夫人置办礼物，因而来得迟了。刚刚各位的酒也罚完了，那么现在便看看我给夫人的礼物可好？"我见他如此说，不禁也对那礼物好奇起来。只见李贞丽不知道什么时候已经走到我身旁，紧紧地握住了我的手。我见她如此担心我，心下感动，也将她的手回握住。

只见田仰吩咐着两个人将一个架子一样的东西抬了上来，上面罩着一块大大的红绸布，似是待人掀开。阮大铖看着这物件，只是抚着胡子。不知怎的，我忽然很是安心，我觉得田仰并不会害我。

"这是我一个月前着人打造的，还算精巧，希望入得了姑娘的眼。"说着，他便拍拍手，一个眉清目秀的小厮走上前来，一把掀开了红绸子，那景象当真永生难忘。

只见那是一盏大大的走马灯，要四个成人合抱才可以。这走马灯共有六面，每一面上都绣着一幅我的小像。或是抚琴，或是读书，或者煮茶，或是作画，或是闲坐，或是下棋。我不知道为何田仰竟然知道我的模样，只得愣愣看着他。而他只是面露微笑地看着我，并没有急于作答，似是希望我主动发问。

我想了想，终是没有说出话来。他见我如此，便转过头去说道："这是我命从前见过夫人您的人中择了画工好的，画了六幅，然后找了擅长苏绣的绣女十六人，连夜赶工绣了一个月绣出来的。这绣线用的都是上乘的，光泽甚好，因而每幅画都会看起来栩栩如生。"我见他如此一掷千金的想要收买我心，心下动容。只是无论他待我再好，想起他那些恶霸之行，便会让我心中生恶。我沉了沉气，对他道："田大人真是费尽了心思。"我原本想要讥讽他一番，只是李贞丽在我身边连连示意我万不可如此，因而我也只得作罢。乖巧柔顺的说道："如此,香君就先收下了,多谢大人厚爱,香君很是喜欢。"

李贞丽见我这么说了,才放下心来,也是一脸欢喜的接话道："田大人您能对我们香君上了这样的心思,可真是我们香君修来的福分啊。"

"唉,这样的话我就不爱听了。原本也是我的一份心意,也是不打紧的,姑娘喜欢便好,这样田某的心思也不算白费,若是姑娘不喜欢,倒是要让在下为难了,原先不知道姑娘喜欢什么,便是误打误撞,如今倒是想问问,姑娘您喜欢什么,也好让田某我找个矛头。"

我见他这样说着,竟然直接唤我为姑娘,似是我还尚未出阁,知道这人是不动声色的真要娶我,只是现在还在安抚我而已。我心中难过,不知道如何逃出这深渊,若是强闯,只怕这田仰发狠能置人于死地,若是我便真的一直这么顺着他,怕他真当自己时机成熟,便直接收了我。

想了想,我便说道:"大人您有所不知,我自幼喜欢看书,而且喜欢有人与我一起读书,而后二人一起交流品读这书的滋味,若是有共通之处,那种寻了知己之感是极妙的。只是田大人日理万机,怕是没有时间陪着香君看那书呢。"

田仰微微一笑,"有何不可,只要姑娘喜欢,便是上刀山下火海,我田某也是愿意的。"

"哦?大人竟然觉得读书如上刀山下火海般痛苦么,如此香君何苦为难大人呢。"我故作小儿女不情愿状,他见了想必心中甚是欢喜,竟然说道:"哪里哪里,姑娘怕是误解了田某的意思了。田某是愿意陪着姑娘的,姑娘所愿意做的,田某也是因着姑娘愿意去做,也便愿意去做。"

李贞丽在一旁笑道:"田大人倒真是个爱屋及乌的呢。"

我见她如此说,虽知道她也是帮着我,心中却是颇为不开心,便接话道:"爱屋及乌?不知谁是屋子谁是乌鸦?"李贞丽知道我这脾气又是犯了,

133

怕我一时间发作起来，不好收场。便说道："唉呦我的小祖宗啊，我可怕了你了，你可别仰仗着田大人的威严便说起老娘来了。"

田仰见状，笑道："唉，我说丽娘，香君姑娘也是年龄小，还是顽皮，你且就看在我田某的面子上，不要与她计较了。"

李贞丽见田仰如此，知道这场子是圆了过来，以后无论我是说些什么，田仰自己说了我是顽皮年幼，总不会在明面上怪罪于我了。

我见田仰如此说了，便又道："田大人，我李香君敬你一杯。这走马灯确实合了我的心意，只是不知道香君要如何报答呢？"

我一心想要他赶快表露那无耻之意，我能趁早打消他的念头，若是时间久了，只怕惹得人们纷纷议论，到时候许多事情便是不好办了。

他还是不急不缓地："姑娘不要想着报答的事情。爱美之心，人皆有之。田某也是一时兴起，想要做这么一个美人灯。想来想去，也只有姑娘的倾城之姿貌入得了我田某的眼了，做了这灯笼后，想着即是以佳人为蓝本，何不将此物归还与佳人。这东西要是合了姑娘的眼缘，那便是找到自己的主子了。"

田仰实在是会说话，让我一时难以招架，更别提找他的破绽了。如此想着，我便又说道："田大人，今日本是没有想到要见您的。这几日休息的不好，原以为只是母亲唤我来聊聊天，现下竟然喝了这么的多的酒，便不争气的想要休息了。"我转身对李贞丽说："母亲，我还回我那屋子我里住，便先不回东郊了。"

李贞丽明白我是怕田仰和阮大铖跑到东郊去找我的麻烦。我自己一人带着一个丫鬟和一个老妈子，怎么可能应付过来，便只有挨着欺负的份儿了。于是她便说道："我这几日想我的宝贝女儿可是想得紧，你若想要在这住着便好，你那屋子我还是原封未动呢。"

田仰见我这么说了，也是不能再加以阻拦，便说道："如此，田某便先行告辞了。不打扰姑娘，姑娘可要好生保养身子。"说着，他看着到躺在地上，已经醉了的阮大铖，又命了阮大铖的两个小厮扶着他们大人，一路回去了。

第六章

独守寂寞，铩羽而归，不成白头亦无悔

第三节　妙计使出吐心声

我并不知道，自己这番言语在田仰眼里竟是别有深意。他见我如此听话，以为我是真对他上了心思。所以便也想要以真心追求我，不愿意动用那些下三流的手段。只是我又如何不知，不管他是真心追求我，还是动用下三流的手段想要将我迎娶进门，我又怎么可能辜负了侯朝宗。前些日子他又来了一封信。因为李贞丽之前写信告诉了他田仰之事，说我已经搬到了媚香楼，让他以后可千万不要寄错了地方，他便立刻回了我一封信。信中说起他前不久旧疾发作。他原本就有风湿之症，许是进了梅雨季节，天气潮湿，便又发作了。可是那旧疾实在是让人难过，于是便一直修养着，一直怕我担心，未曾给我写太多的信件。这几日用了些史可法将军给的军营中常用的药，也是有些疗效，那痛痒之感竟是少了。他听我说了这田仰之事，知道又是阮大铖从中做鬼，便十分愤怒。他让我千万不要冲动，万事以大局为重，这和李贞丽告诉我的一样，让我可千万不要意气用事，比如直接和田仰撕破脸什么的。我见他如此说，便决定就这么先与田仰僵持着。

一日我闲着无聊，便出了门，去芙蓉楼用些吃食。芙蓉楼的素菜最是不错，从前李贞丽都是让底下人用食盒带些饭菜回来给我在屋子里用。只是自打我出了这媚香楼，嫁到莫愁湖畔，便不再喜欢总是窝在屋子里。现在想来我以前清清冷冷的性子和终日不见阳光、离群索居的习惯有着大关系。从前我便总是不喜欢与人交往，别人让我做什么，我若是想做便做，也不说话。我若是不想做，便不去做，还是不说话。我总是违逆着某些人的意思，可是因着我并不说话，所以他们并未察觉出来。只是见我真的不去做时，便来质询我。每当这个时候，我只消继续沉默不语，让对方觉得我并未懂得什么事理，一般便不会再有人逼迫我去做什么了。只是眼下这个田仰却没有这么好打发。自从那日我与他正式会了面，说了话，他便像个影子一样，我去哪里他便出现在哪里。想必他是派了人每日监视着我。

我抬头望着芙蓉楼的招牌，想着田仰怕是一会儿又要出现为我付银子，心中一阵感叹。果不其然，我点了三个菜后，田仰便上楼来了。只见他今日打扮的倒是没那么老态，一身翠绿倒是有些风姿。我不自禁地多看了几眼，他见我如此，便说道："姑娘喜欢这翠绿色？我明儿便叫自己手下布庄的去你那媚香楼，给你量体裁衣做上几件。"

我见他又是想用钱财来打动收买我，便不自禁地想要和他驳上几句："田大人，我并不喜欢这翠绿色。只是我见绿色很是衬大人的风范，因此不自觉地多看了几眼。"

田仰见我如此说，很是高兴，他又问道："既然姑娘不喜欢这翠绿色，那么喜欢什么颜色呢？我也好叫他们布庄的去依着姑娘的性子，布置几件衣物。"

"不劳先生破费了，"这次我冷冷地回道："上次大人问我喜欢做些什么，我说我喜欢读书，然后大人便答应我，说会陪香君一同读书。我当时见大人说得那般言辞恳切，心中真是感动。只是几日过去了，也没见大人这边有什么动静。"

"香君姑娘这是生气了？好好，我便认个错儿。这事儿，田某还是记得的，只是一直想着姑娘若是不主动说这事，田某贸然登门造访，显得太过唐突，恐怕惹姑娘厌烦呢。"

我可真是佩服田仰，话里话外倒是让我主动邀他上门。他每日虽然没有出现在媚香楼，却是我在楼外哪里，他必在哪里。这么便是不怕我生厌

第六章　独守寂寞，铩羽而归，不成白头亦无悔

137

了吗？倒是个只想事理不想情理的家伙。

"若是生气，倒是不至于。只是哪有姑娘家如此主动的？别人若是有那是别人的事，在我李香君这里，是万万不可能的。"这话倒是没有作假，就算没有侯朝宗，我也是如此待客，就算是侯朝宗，一开始我也是这么待他的。我是不喜欢主动去邀人做什么，便是别人主动来找我，我也要考虑下这一邀是否值得。

"田大人，不是香君说话不好听。只是香君就是这样的性子，如实与大人说了。我是怕相处久了，田大人若是想要多与香君一处玩耍怕是受不来香君的性子，索性坦诚相待。

我确实不是好交往的，虽然很少与人起争执，只是那股冷冷的性子，一般人还真是受不了。能接受的也就是侯朝宗了，他总能让我笑笑，我与他也算是能在一处相处的。他性子与我不同，我虽然是经常习歌舞这些热闹的技艺，可是若是下了台，我还是愿意一个人待着，就算没人给我解闷，我也是不怕的，自己一个人也可以很快活。侯朝宗若是能逗弄着我便更加快活罢了。侯朝宗的性子，是正经的读书人，本应该是如水般的性子，只是他这人喜欢表达自己的看法，喜欢与人绕着圈子地玩文字游戏。我有时被他弄得孩子心性上来了，两人斗嘴也是极其有趣的。

田仰见我这么说了，知道我神情严肃，所言非虚，便说道："姑娘是什么性子，田某早已知晓。只是姑娘这般才是绝代佳丽应有的名媛风范。我是不喜欢那些左右逢源，自以为八面玲珑的女子，让人觉得不真不纯。姑娘性子耿直，让人一见倾心。不少女子总以为自己有几分姿色，便可将人玩弄于股掌之间，只是哪里知道，她自己的那些心思，早已让人猜透了，只觉可笑罢了。"

我见他这么说，本来以为说的是我，可是转过头去看他的神情，知道他说的又不是我。我点了点头，便说道："田大人说的是极对的，我是见多了这样的人。不光是女子，有些男子也是如此，倒是让人高看了，仔细瞧来，当真让人失望啊。"

我看着田仰，只见他不知道在看向什么地方。我忽然觉得他并不像世人说的那般流氓无赖，想必也是有什么隐情。莫不是田仰从前曾恋慕谁家的姑娘？如此想着，我竟然开口问了出来："田大人想必也是有故事的人，给我讲讲可好？"

这时小二把我的菜端了上来，我又吩咐他拿了一壶好酒，要与田仰对饮几杯。

我性子本就如此，如今对田仰颇感兴趣，觉得他有些故事，便想要听些故事，田仰见我如此豪爽，也是满心快意。

"怎么，姑娘如何觉得我是有故事的人？"我想了想，便说道："若是一个人有些特殊经历，有些难忘过往，那么他说起一些话时，眸色总是很深，似是看到了很远的地方。"我顿了顿，望向田仰，"那大概便是记忆深处，一个再也无法触及的地方。"

田仰见我这么说，只是沉默。他转过头去，看了看远方的楼台，迟迟没有说话。我自己给自己斟了一杯酒，举杯一饮而尽，然后又吃了几口小菜。田仰见我没有再与他搭话，竟是好半天才回过神来。半晌，他也给自己斟上了一杯酒，却是没有如往常般喝得痛快，只是抿着嘴唇，沾些在唇上。

"姑娘年纪虽小，有些事情看得倒真是透彻。初来我也只是觉得你只是有个美丽皮囊罢了，他们说你才情了得，我并不相信，只是阮大铖一再要我与你见面，说你是一朵解语花，定能懂我心事。最初我还是不信，如今看来，阮大铖所言非虚啊。"

他苦笑一番："我是我们家的第六子，前面的五个儿子死的都早，到了我这里，不知道我娘是用了什么法子，我竟是保住了一条性命。到我长大些才知道，原来前面那五个哥哥都是我娘用了法子给弄死的，只是为了

139

让我能够承我父亲的家业。"他忽然捏了捏拳头，将手中的那杯酒一饮而尽。

"这些原本我都是不知道的，我可以无忧无虑活着，因为家中只有我这么一个儿子活泼健康，再加上我娘确实貌美，因为我父亲很是疼爱我们母子。"

"有一天，我一个人在园子里玩耍，忽然听到家里的婢女正在谈话，我知道我若是走了过去，他们便不会再说下去了，因而我便悄悄地藏在了柱子后面。那年我才六岁，我们家园子的柱子是很粗的，所以藏我一个孩童的身体还是绰绰有余。"他有些嘲讽地说，摇了摇头。

"我没弄出什么声响，那两个婢子也没有发现我，便继续说了下去。原来我爹竟是知道那些事情是我娘做的，就是我那些哥哥的事情。只是他竟然也由着她来，那是他自己的亲生儿子啊！若不是因为我是我娘的儿子，怕是他也不惜我的性命的。"

他看着我，又说道："你知道我有多么害怕吗？我的五个亲哥哥啊，都被我母亲害死了，我初听到其中一个婢子说我母亲的时候，我还在想怎么我母亲竟是个坏人，到了她说我父亲竟然默许的时候，我发现我的父亲竟然也是一个坏人。"

"我当时很想冲出去，直接和他们说，他们都是骗人的，都是瞎说，可是不知道问什么，我听着他们如此悠然地说着这些事情，觉得他们也是坏人。"他顿了顿，又继续说道，"香君，你知道吗，那天晚上我有多害怕？我自己一个人躲在被窝里瑟瑟发抖，觉得整个世界都没有人值得我去依靠了。不，是我谁也不敢去依靠了。"

"也就是那个晚上，我的恐惧被一个漂亮的姑娘发现了。我在被窝里也许是抖动得太过厉害，竟然被伺候我的小珠看到了，她上了我的床，将我搂在怀来，一遍又一遍地说着少爷你别怕。我那天也不知道是怎么了，抱着她只觉得像是抱住了我娘，只是我再不敢去找我娘，我总觉得我娘心狠手辣，早晚有一天也会将我置于死地。"他痛苦地闭上了眼睛，倒了一杯酒，一饮而尽。我忽然明白他的绝望，他与我，都是因为自己母亲而过早地蒙上了童年阴影的人。我看着他，忽然觉得有几分怜悯，只是我又觉得这人无论如何终究是个恶人，是不值得我怜悯的。

"后来终于有一天，小珠每夜哄我入睡的事情还是被母亲发现了。她觉察出来我总是躲着她。知道小珠哄着我入睡后，便觉得是小珠从中作梗，她觉得定是小珠在中间说了什么才让我如此躲着她，不与她亲近。可是哪知小珠竟然也是个傻丫头，就像你一样。"他怜悯地看了看我，"总是以为说真话便能博得他人的同情，可你若是真的遇到那心狠手辣之人，人家又怎么会同情你，怜悯你呢？"

他笑了笑，接着又说："你可知道，小珠竟然把我害怕的原因都告诉了我娘。我娘听后大怒，直接当着我的面儿，一棍子一棍子地打死了小珠。"

我忽然明白了他为何对年龄小的女子总是有种喜爱之情，原来是因为曾经有个这样的女孩子。他刚刚怜悯地看着我，我又何尝不是怜悯地看着他。我们总以为自己高高在上，以为这个傻，那个好欺骗，可是到头来自己被欺骗了却是不知情，还在那里笑着，倒是真的傻子。我不知道我和田仰谁更可怜，只是知道我与他都是可怜人罢了。我想他是真的拿小珠当作自己的依靠了，也许他是真心地爱着小珠的，只是那时的他还是这么小的年纪，便是知道自己喜欢小珠，也碍着自己母亲的力量，救她不得。他眼睁睁地看着自己心爱的人在自己眼前慢慢地没了气息，她可能还死不瞑目，一直望着他，问他为什么不救她。

我不知我是怎么从芙蓉楼里走出来的，田仰给我讲了那么一个故事，想想原本我是以玩笑的姿态去问，便觉得毛骨悚然。

我回头看了看站在马车旁的田仰。

刚刚我拒绝了他想要用马车送我回媚香楼的好意。我突然觉得自己知道得太多了，我觉得田仰很快就要下手了，他不会一拖再拖，他大概觉得自己已经蓄好了势，今日便与我彻底谈心。不过也有可能是他见我竟然主动邀他同饮，让他觉得我已经与他交心，毫无戒备了吧。不然哪个女子会放心地与其他男子出去同饮呢？

只是我那行为确实不过是因为一时兴起罢了。我只是觉得田仰并没有李贞丽先前说得那么讨厌，然而不久之后，田仰便做了一件令我十分讨厌的事情。

第四节　香君血溅桃花扇

他竟然上门提亲了。

一直以来他都只是称我为姑娘，阮大铖还尊重的叫我一声侯夫人呢，田仰倒真是当我为阁中的少女了。这阁中的少女自是不能直接见那提亲之人，只是我既然已经嫁了人，哪里还会管这些事呢。田仰提亲，我便与他亲自在堂上会面。

田仰这日依旧一身翠绿打扮，只是衣料明显是不同于那日在芙蓉楼的那件了。我笑了笑，与他施礼，他也是回礼。我见他备了一些彩礼，便笑道："田大人今日来，是看上我们媚香楼的哪个丫鬟了？是珍儿还是翠儿？看大人这一身翠绿打扮，莫不是想要那翠儿？"

他见我与之谈笑，倒是也不是生气，摆出一副心情颇好的模样。我见状，知道他又恢复了从前那般君子模样，若不是阮大铖那厮偷着和李贞丽说起田仰今日是要跟我提亲，我哪里会提前有所防备呢。

"姑娘还是这般的爱开玩笑，只是不知道若田某将姑娘接到家中，是否姑娘还会笑颜如初，赏心悦目呢？"他笑着对我说。我知道这是明里暗里开始说起正事了。

我笑着看了看他，又说道："田大人，你可是弄错了两件事呢。第一，我可早就不是姑娘了。你看我这发髻，我早已于前年嫁给了侯朝宗，另外，怕是我这辈子都不会出现在您田大人的家中。如此，便是笑颜如初，赏心悦目又有什么用呢？

第六章　独守寂寞，铩羽而归，不成白头亦无悔

143

他只是故作惊讶状："哦？姑娘竟是已然婚嫁？我怎么却不知晓？"他摇了摇头，"侯朝宗？那又是何人，我竟是从来没用听过这号人物，姑娘莫要欺骗我。再看姑娘平日里喜爱走动，还一直住在这媚香楼。我以为这烟花之地，姑娘是想要掩人耳目，方便行动所以才弄了这么一个发髻呢。"

他一连不停地说着，只道自己是茫然无辜的。我心中觉得烦闷，没有想到田仰睁着眼睛说瞎话的能耐倒是不小。如此便都是我的错了？是我李香君不守妇道，竟然去勾引你这老头子？我心下有些生气，就在这个时候，只见李贞丽从屋子里出来了，她见我又是一副神色清冷的模样，知道我是动了气了。只是这关键时刻，怎能发作，若是一句话没有说好，恐怕就让不要脸的田仰给利用了。

李贞丽见我这样，知道我是不愿意再说什么好话了，即便是说，怕是也是驳这田仰的狠话，便打算把我支开："香君，你去楼上看看我让小玲做的活儿她弄好了没有。"说着，她只身走到了田仰身边。"田大人，若是刚刚香君有什么不懂事的，您可千万不要怪罪啊。"

我听了她这温言软语，想想田仰的流氓行径，气不打一处来，便直接上楼去了，只想把这里的事情赶快留给李贞丽来料理，还望她赶快将这田仰赶走，可不要再恼我了。

上了楼，我见小玲果然是在收拾我的屋子，只见她把我平日里稿纸都好好地叠好，收到了盒子里。我见着她为着我整理，心中有些过意不去，便赶忙上去帮忙。

我从那一叠纸中抽出了一张画儿，竟是侯朝宗从前来我这里玩时，我与他共同绘的。上面有一个女子正在垂钓，旁边被我随意添了一枝桃花，有白蝶翩翩飞舞。那本是侯朝宗嘲讽我终日待在屋子里，恐怕被闷得傻气了时所画。当时我便是一通辩驳。他不愿意和我再吵，便抽出一张纸，先是按我的样子画了一个女子模样，然后想了想，这室外只有垂钓还算有趣些，便让我做这垂钓状。其实我哪里不知道，这根本就是他喜欢垂钓，才想着法儿的要我垂钓，连画画都要我垂钓的样子。我见状，便在旁边添了桃花。因为我这媚香楼前恰有一处小潭，旁边种植了一些桃花。我这么画桃花是想告诉他，便是垂钓我也要在这园子里不出去半步。

他当时见我如此，知道我是想说自己是在那园中小潭垂钓，便哈哈大笑起来。我见他这么得意地笑着，心中很是不解。哪曾想他说道："姑娘你可是从未去看过那小潭？那小潭水质清冽，想必是这园子里的园丁勤劳，常常换水的缘故。只是那是一潭死水，水又浅，怎么会有鱼呢？更别提垂钓了。"

我当时也是无赖，便回答他到："公子你可是不知，我便是垂钓，也只是喜欢做那垂钓之态罢了。那鱼虽多是在千里之外的江河湖海里，我便偏偏要在此处垂钓。姜太公钓鱼愿者上钩，总会有鱼儿不辞辛苦地来投奔我这钩子。"

"姑娘可是说像我那自投罗网的鱼儿？"他笑了笑，"如此，我还真是想尽法子到姑娘身边，只为看看姑娘这饵料是什么口味的呢。"

我见他又是调侃我，便说道："侯公子，你可莫要总是开奴家的玩笑，我不喜欢垂钓，而你又何必偏偏将我绘成钓鱼模样，这当真让人苦恼。"

"那姑娘喜欢什么？"

"我？我喜欢作画抚琴。"

"那姑娘若是不给在下作画抚琴，在下如何去描绘那姑娘的绝世之姿呢？"

"你！我便不要你画啦。"

"哈哈。"他看着我又笑了起来。

现在想来，那些欢声笑语竟是离我那般遥远。

说起这画，我倒是想起从前阮大铖将我和侯朝宗困于井下之时，我向侯朝宗提起的那幅夜空图。我嫁给侯朝宗的那一天晚上，他的好友和我的几个姐妹闹过洞房后，他直接拉着我便往里屋走。这里屋是他后来又修的，我也是第一次来。刚进那屋子，便见地上铺了一个榻，他携着我的手，卧在那榻上。我看着棚顶，不，那不是棚顶，这里屋竟然被侯朝宗特意在顶上凿开了一幅画那么大的口子。我望着满天繁星，果然是一副夜空图呢。我笑着，回头望着他，只觉得他慢慢将身子靠了过来，然后慢慢地把自己身体的重量加在我的身上。

那一夜，我成了他的妻子，从此，这便是谁都无法撼动的事实。

"小姐？"我回过神来，原来是小玲唤我。

小玲见我一直呆愣愣地看着那幅画，便为我端了一杯茶水过来："小姐，你这是怎么了，我知道你是担忧侯公子的事情，只是无论如何也要先养好身体啊。你可不知道现在你比从前瘦了多少。虽然还是好看，可我还是想要从前那个小姐。"

我见她着急的样子，知道她是真的心疼我。这么多年里，我不知道有多少人是真心实意地为我好。有的时候我在想，大概是大家的力量都有限，因而才会让我受了这么多的委屈。只是其实谁又没有受委屈呢，便是那李贞丽每日赔笑，说着一些违心的话，便是不委屈了？侯朝宗苦读十余载，只是因为几个贼子便没了仕途，便是不委屈了？董小宛本是小家碧玉，竟然家道中落还被人害得无法生育，便是不委屈了？便是田仰，幼时亲眼瞧着自己心爱之人死于母亲手里，便是不委屈了？只是我不明白，为何人人活得都如此不容易，还要百般地让彼此不容易。就算让对方不快活了，自己真的就活得快活起来了吗？我不知道，但是我明白，有些时候，有些东西就是命数。这是我命中的一劫难，虽然表面像是田仰为我而设的劫难，可是田仰也不过只是上天的一枚棋子罢了。上天派他来为难我，来完成我的一生。就算是没有田仰，也会有其他人。那么是谁还不是一样，说不定还有比田仰更加可怕的。

我喝了一口茶水，将杯子又递给小玲。小玲见我如此，还是忧心忡忡的。

"小姐，你和我说一句话可好？自打姑爷走了，便没见你怎么开心地笑过，我也是不明白，姑爷这一去究竟要到什么时候。"

"你啊，做好你的事情就是了。我知道你是担心我，只是我自然还是会好好的。其他的不要多操心了。"

"唉，小姐你好好的便是，我也是担心小姐。"说罢，她便起身出了屋子。

不知道过了多久，小玲又进了屋子，"小姐，夫人让您下去。"我听她这么一说，倒是心里没谱，急忙下楼去了。

只见田仰一脸的春风得意，见到我赶忙一拜。我吃惊地望着李贞丽，她却避过了我的眼神。我心中涌起了一股绝望，回过头去，高声道："田仰，你为何如此猪狗不如？你可知我已许配给了那侯朝宗？为何还硬是要娶我？"

"侯朝宗？"田仰见我这么说，哈哈大笑，面露不屑，"一个屡试不第的竖子，家境贫寒，只能投奔史可法那老家伙。在那里待了好久，也只是被征用写了几篇文章糊弄人罢了。读书人，真是无趣。"

"田仰，我不允你如此欺辱我夫君！"我怒道："你不学无术，每日强抢民女，你可知道什么叫作报应？我倒是要看看你最后有什么下场。"

"我有什么下场我是不知道，但是你有什么下场我倒是知道，我本来是想要好好待你，初来见你也是一个听话的，只是现在性子倒是彻底暴露了。呵呵，也是当真没能耐。"他讥讽地看了看我，我见他如此，心中更是气愤："田仰，你可还有半点羞耻之心？你与那阮大铖二人狼狈为奸，都是十足的窝囊废，现如今朝堂大乱，你们都跑去投奔那新皇帝，买了几个官位当当，也不知道自己值个几斤几两，又有个什么能耐？"

我忽然望见窗子处正对着的，从前侯朝宗与我说起的那个小潭，想着我若是真嫁给田仰这个老东西只怕也是再无颜见侯朝宗了，想着想着，便朝那窗边的柜子上撞了上去，我当即便晕了过去，不省人事了。

我依稀觉得四周有人在喊我的名字，那是一片很大的空间，只是不知道四周都有些什么人。我尝试着摸索，可是却什么也摸不到。我忽然瞧见眼前好像有一片光，便赶忙跑了过去。我忽地睁开了眼睛，原来这竟然是一场梦境。

我只觉得自己好像虚脱了一般。我以为自己死了，不过现在看来，连死都不会那么容易。我看了看周围，只见李贞丽，小玲还有阮大铖都围着我。我见到阮大铖那嘴脸，心中只有厌恶，便转过头去。小玲泪汪汪地看着我："小姐，你可真是吓死我了，你可知道你睡了整整两日啊！这两日都是夫人亲自一口口水喂着你的。"我感激地看了看李贞丽，只见她温柔地看着我，不时地撩好我的发丝。我忽然想起便是她要将我许配给那田仰，眼神里全是不甘心地看着她，她似是察觉过来，眼泪不停地如断了线的珍珠链子般落了下来。

"香君，你怎么这么傻，便是要嫁个田仰，娘到时候也会找个丫头替你，然后让你逃的，只是你怎么这么冲动，竟然直接撞了上去，真是吓死我了。"她哭着说，"我看你下楼来和田仰理论，便知道没有什么好事，我想要靠近你，可是还没等把你抓住，你竟然就……唉……我的孩儿啊。"说着，她从怀中拿出一把扇子。这把扇子是我平日唱戏所用，我嫁人后便被摆在了我刚刚撞上去的那个柜子上。

只是上面竟然沾满了血迹，此时倒是如那殷红的飘零漫天飞舞的花瓣。我手上握着这扇子，想起了侯朝宗。只是不知道他在哪里，我此时此刻是万分地思念他。

过了一会儿，李贞丽渐渐不再哭泣，我也回过神来。我见阮大铖还在一旁坐着，心中很是讶异，不知道他是来做些什么的。李贞丽见我这么看着阮大铖，便忙赔着笑说："阮大人，您可不要怪罪我们香君，现下她是要进宫的人了，往后的路还要您照应着呢。"

进宫？我为何要进宫。我看了看李贞丽，又看了眼阮大铖。阮大铖见我还不知道怎么回事，便说与我听："香君姑娘，当今弘光帝听闻您姿貌无双，特意差了老夫转告姑娘。给姑娘一个月的日子用来养伤，我过些日子派人来伺候着您，您可千万不要出什么差错才好。

我见他如此说，知道这次是认真的，这皇上的旨意我又怎么能违背，那样我便是不想寻死也是自寻死路了。他看了看我，似是明白了我的心思。便叹了口气道："香君姑娘，老夫说句不中听的，侯公子虽是个人才，只是奈何命运不济。你这么个绝代佳人，何不从了一个有名有利的大户人家？何必守着一个穷小子不放呢？"说罢，他又是叹了口气，转身便走了。

李贞丽见我如此，想起当初便是自己撮合着我和侯朝宗的婚事的，听了阮大铖的话，又是流泪不止。

我见她如此，便安慰道："娘，侯公子的才华我是再了解不过的了。便是这些乌七八糟的东西都是入不了我的眼的，您的选择是最好的，女儿报答您还来不及，您又何必哭泣呢？"

李贞丽听我这么说了，却还是流泪："乖女儿，你越是这么懂事，我越是心疼啊。你可知道我当初也是相中了侯公子的品貌，再加上他待你也真是好。只是你现今也看见了，他不仅没有考取功名，更是要靠人接济生活，你又何必和他遭罪受苦呢。我是看田仰也是个人物，为了一个妾室竟然还要来提亲，想必也是珍视你的，只是现今阮大铖竟然向弘光皇帝举荐你，这新主是什么样的人物我倒是不知，只是若是逢了一个暴君，唉，我的乖女儿啊，你让我可怎么活啊。"

我见李贞丽如此，心中也是担忧，我刚刚经历了生死，于这世事便仿佛看开了一般。我只知道无论谁诋毁侯朝宗，我总是偏向他的。他的才华

第六章 独守寂寞，铩羽而归，不成白头亦天悔

149

纵然一生不被人所重用，但我仍是愿意守在他身边，便像董小宛之如冒襄一般。

问世间情为何物，直教人生死相许。

第七章

宫深似海，宣命难违，桃花扇美人欲摧

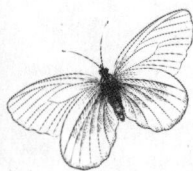

春风只在园西畔，荠菜花繁蝴蝶乱。

冰池晴绿照还空，香径落红吹已断。

意长翻恨游丝短，尽日相思罗带缓。

宝奁如夕不欺人，明日归来君试看。

第一节　一入宫门深似海

大概此生是再难见到侯朝宗了。一想到这，心中绞痛。也不知道他现下过得如何，自打被告知要进宫的消息，我每日都是无精打采的。我已经很久没有与他互通消息了，不知他是否安好。我本是以妾的身份嫁与他，如今他若是再娶，我必然心痛。可若是他只守候我一人，侯家岂不无后？如此想来，他再娶与不娶，我都是有高兴的理由的，也就不再细想此事了。

这也算是种自我麻痹吧。

阮大铖见将我强行嫁给田仰做妾不成，便又在皇上那里大肆赞扬我容貌美丽。弘光皇帝早在坊间听闻我容貌美丽，奈何却从未见过我，如今见阮大铖要将我接进宫中，很是愉快。

阮大铖安排了一个丫鬟，名唤语柳，换掉了小玲。特意安排让她伺候我的日常起居。准备入宫的几日里，还有人来教习我宫中的一些规矩。这半个月，我待语柳如亲生姐妹般，只因她也是大户出身，却是家道中落，不得不卖身为奴。我与她食则同席，寝则同被，阮大铖看着心中十分欢喜。一直到接我入宫之日，都对我态度甚佳。他原本求我不得，后又要为田仰求我，如今又要把我送入宫中，只不过是气不过自己竟不如侯朝宗罢了，便想着法儿的折辱我与侯朝宗。我之前已有一死，虽是被人救下，如今却像行尸走肉一般。可我知道，自己与其寻死，不如留着一条命，说不定哪日还能与侯朝宗重逢。

我入宫那日，早有宫里的宦官在等着，将我迎进城中。安车刚进威严的城门，语柳便忍不住探头向外张望了。说到底，她也不过是个十三岁的孩子，对什么都有好奇心，就算是要入这宫中，她也每日想着如何才能去到更多的地方玩耍。我望着她想着，这一入官门，便再难有什么自由可言了。

语柳朝外看了看，只见城门又宽又厚，不禁惊呼："唉呀小姐，这可是真是不得了了，要修多少年才能修完啊。"

"小语柳，你可知道长城的故事？"

我最是爱讲故事，从前侯朝宗便总这么说我，只要提到个典故，我便总是滔滔不绝地讲起来。侯朝宗曾经说，我与他若是有个孩子，是不用请先生，也不用上私塾的。我那时还笑着说，这是自然了，有侯大才子亲自教养，怕又是一个侯大才子呢。

只是到了最后，我和他也没有个一儿半女。

小语柳见我问她，便扑闪着眼睛道："回小姐的话，语柳知道，那是秦始皇为了防驻边疆所修的，为了抵御匈奴的入侵。"

我想了想，确实是这样。只是如今边疆虽有长城，北方那辫子军队随时会攻下。思量至此，我不禁忧伤了起来

"语柳，不要再看了，若是被人瞧见我们这般没规矩可怎么好。"语柳撇撇嘴，把身子缩了回来，我看着她这么小，还是不明白人情世故，不由得担心起来。

安车外渐渐嘈杂起来，车帘被人挑起来，只见阮大铖携了几位官员一同在城门等待着。我被语柳搀扶下了车，依次给在场的各位行了礼，语柳也随着我如此这般。阮大铖上前一步笑道："今日来的这几位大人，都是想一睹李姑娘之美貌，我已与皇上知会过，他已允了，让姑娘先陪几位大人。"说完，他挑衅地看了我一眼，然后把手一抬，说了一句："姑娘请。"

阮大铖因我与侯朝宗结合，心中便想着法儿地捉弄我，看我受辱，他便高兴。我虽是伎女出身，却早已嫁给侯朝宗从良了。我心中有怒，可是

又不得发作。

"有劳大人了。"说罢，我便走了几步，蓦地转过头来，向阮大铖投了明媚的一笑。他一愣，眼中有那么一瞬间，我知道，他，是后悔了。

南京城一如既往的繁华，只是如今已与我再无瓜葛。我记得小时候南京道路两旁都是两三层的酒肆，客栈，各种店铺，种类齐全，铺面都精致，令我与一干姐妹总是想要进去看一看，逛一逛。门口伙计的吆喝声，客人嘈杂的说笑声，这些如今于我都如天籁般。我恋恋不舍又如何，奈何这往后的日子，便又是寂寞深宫了。

语柳见排场如此之大，竟然差点儿没哭出来，我忙安慰她几句："小语柳，你是没事的，等日后岁数够了，还能放出宫去。这些日子你好好的，安分些。"

语柳见我这么说，眼睛红肿地看着我："哦……可是姐姐，我觉得他们好吓人，我难道不会死掉吗？被他们害死。"

"说什么傻话。好了，我们快走吧。"

我生命中有太多过客，我经历了太多离别，身边的这个十三岁的小女孩，以后一定也会离开我。想到这里，我心中又是一冷。只是不论如何，都要真诚待人才是，不要让人有什么闲话可说。

引着我们同去的一个太监见我这般蹙眉做愁苦状，便说道："姑娘，你相貌出众，皇上早就想见你了。这可是天大的福气，千万不要想着什么晦气事啊。"他瞟了我一眼，"姑娘今年才不过十八，就是这小语柳，也不过十三岁。现下皇上的宫中没有多少女人，您二位可要把握好了，日后奴才也好跟着您讨些好处。"

这世人都不过为了自己谋利，时时刻刻想着自己的好处。

"此次进宫，还当真不知是福是祸，自己是否有那福气，公公可莫要对奴家抱太多的希望。"

"唉，姑娘您的相貌奴才可是头回见到的啊。你可不能妄自菲薄。"

阮大铖引着一众在我后面，他们对我指指点点，品评不断，我虽不愿仔细听，可是距离太近，还是能听到说话的内容。

"如此美娇娘，阮大人，你可真是舍得啊。"一人道。

"唉，与舍不舍得何干，李姑娘可是贞烈得很，曾经血溅纸扇。那扇子听说被杨龙友就着血迹绘成桃花，被称作桃花扇。引得当时议论纷纷啊。"

"那怎么现在竟然不去寻死？莫不是要进宫再死？"

"说什么玩笑话，这可是皇上啊，进宫虽是未必成了皇后，可就这姿貌，啧啧。"

"唉，如今李姑娘已经进了宫，便是皇上的人了，怎么能任由我们嚼舌根子。"阮大铖忽然插了一句，"李姑娘飞上枝头变凤凰，我等要为皇上喜获美人高兴才是，怎的竟然有这般猥琐心思。"

我笑了笑，阮大铖倒是真会遮掩尴尬，我倒要看你能演到什么时候。想要我死？我又为何如此。我未死成，想必上天垂怜我，让我还有机会见到侯朝宗吧。

不知不觉，我们走到了宫中的花园内。只见周围绿树环绕，百花夺艳。这花园倒是比从前姨母家和媚香楼的都漂亮得多，心下也多了几分欢喜。我是真心喜欢这自然之物，看着眼前的景儿，便笑了起来。那几位大人见我笑着，看得眼睛都直了。此时我已经完全不再顾忌什么，便说道："皇上让我陪几位喝酒，倒是不知道在哪里喝？"

其中一人身材瘦高，倒是很结实，容貌有些女儿的阴柔之感，之前他并没有说什么闲话，因而我对他的印象还不错。

"姑娘倒真是爽朗。"他说道。我见他与我年纪相仿，举止文雅，也愿意与之交流。

"只是不知道姑娘可是能喝？若是能喝，便要陪着小生多喝几杯啊。"

我笑了笑，这人竟然以小生自称，倒是有几分意思。我见他如此，便娇声道："奴家是不胜酒力的，只是公子要喝，便喝好了，只是若是陪公子喝得多了，一会儿皇上要我陪着喝，我若失态，这罪过是算在公子身上，还是我身上？"

"也罢，姑娘便是陪着小生小饮便可。"说罢，他转身便对阮大铖说："阮大人，还不快快备上酒席，美人美酒，一醉方休啊。"

阮大铖闻言忙笑着说："洪大人既然如此说，那便开始了。"说罢，他击了击掌，笑道："来人，上菜上酒。"

洪大人坐了下来，见我还在一旁站着，忙说："姑娘快请坐，可别累到了。"说着，又为我布了碗筷。他如此细心，倒令我对他刮目相看。我刚刚和语柳坐在安车之中，心中本是被这不安和烦恼充斥着。语柳与我虽是情同姐妹，到底还是一个下人，相识不久，又是阮大铖的人，饶是相貌如孩子般，天性看起来也还算纯良。可若真是细想，也是不得不防。在这偌大的皇宫中，我又该依靠谁呢，谁又会待我真心，永不离弃？平生第一次，我要面对这样的场面。自古皇宫里尔虞我诈，若是一个不小心，便会丧命。而皇上竟然公然让自己手下的臣子来侮辱我，日后对我如何，也是可想而知了。

"姑娘想什么呢，可是这饭菜不可口？"洪大人见我呆呆发愣，忙关切问道。洪大人举止得体，也不像旁人那般粗鄙可笑，很是俊雅。我心中得到安慰，便柔声说道："奴家只是想起自己漂泊多年，竟然没有一个安身之处。可怜自己罢了。"我垂首道，只是这弱柳之姿实在惹人怜爱，早已将眼前人打动了。

"哦？姑娘莫要伤感，人生一场大梦，便是洪某也是惘然啊，姑娘日后有事情自可来寻我，若是有帮得上的，小生定当全力以赴。"

第二节　从此萧郎是路人

他说话的语气很是自信，像极了侯朝宗。我望着他，想起自己已经好久没有见到侯朝宗了，心中不免又伤心起来。他见我又是一阵伤感，忙倒了一杯酒，说道："姑娘，来，我敬你一杯。"

其实说来也是可笑，我虽然已经嫁与侯朝宗，此时我入宫，只得当我是姑娘家，让我哭笑不得。

我与他们觥筹交错。席间阮大铖只是看着我，并未上前再与我说话。我自是开心极了，便对洪大人说道："这倒是不错呢，今日阮大人倒是没有与我说些什么风凉话。"

"哦？阮大人竟是这种人，我倒是不知道呢？"他看了看我，似是期待我继续说下去，"你可是不知道，若不是阮大人，我可是见不到姑娘了。"

"哪里话，我便在那媚香楼，怎么就是见不到呢？"

洪大人眯了眯眼睛看着我，"从前以为姑娘对那侯朝宗忠贞不二，今日一见，可见姑娘别过夫君后，还能接客啊。"

我见他竟然出言挖苦我，心中十分伤感，原本以为这人还是可交的，见他也是这般，心中很是失落。

"呵呵，没有想到大人是这样想我。不过与大人说了也罢，我见客并非接客。我也只是凭着自己所学之物来赚些养家糊口钱，便如大人寒窗苦读十年只期望有朝一日高中得以封妻荫子，是同一个道理。我刚刚仰慕大人的人品才华，只是没有想到公子竟然出言挖苦我，让小女子倒是不得不思量一番。"

"好！好，没有想到姑娘竟然才思敏捷，还敢说这话，不怕冒犯了我？或是想着自己将要进宫，便如此无拘无束了？"

"大人莫要恐吓奴家，奴家虽不过是一介女子，只是有些话也是该说便说，若是大人不喜，想要责罚便责罚，或是不再理会奴家便是。"

"李姑娘果真不一般。"说完，他又为我倒了一杯，"来，这杯我敬姑娘，姑娘的这杯您想喝便喝，不喝便看着在下喝，哈哈哈。"

我笑了笑，没有想到他人虽是口无遮拦，却是为人豪爽，放荡不羁。只是不知道这人究竟从着什么官职，这新朝廷竟有如此人物。

我见他一饮而尽，便也跟着喝了一杯。他见我喝了下去，心中甚是欢喜，又为我倒了一杯。这宫中喝酒，竟是用茶杯，让我很是不解。一杯下去，便有酒色上脸。我感觉脸上热热的，心潮澎湃，我望着洪大人，只觉得他的言行举止与侯朝宗异常地像。

朝宗，我何时才能见到你啊，从前日子是苦，可是如今日子倒是比当初还苦。

洪大人见我面色绯红，便说道："姑娘可是不胜酒力？那么，便不要再喝了，喝伤了身子可怎么好，毕竟是女儿家。"

他这么说着，我知道若是此时不喝，便少了许多欢乐了，这酒就是要大家一起喝，若是有人不喝或是喝到一半便逃走，当真扫兴。

"没事的，公子不用担心我，我只是酒色容易上脸罢了。"说着，我又自斟一杯递给了他，"这杯奴家先干为敬。"说着，一仰头便喝了下去。这酒后力倒是颇大，我便问道："这酒辛辣有味，只是不知道是打哪里得到的好酒。"

"姑娘果然和洪某说得来，红颜知己啊。"我心中原本思念着侯朝宗，这酒一下肚，更是觉得眼前之人就像是侯朝宗。"公子哪里话，"我说话陡然更加温柔，只把眼前人当做自己的相公看，"若是被公子认为红颜，奴家不胜荣幸呢。"说罢,我扭过脸去,冲着远处的阮大铖微微一笑,以示自己一切安好,实则是想要气气他罢了。他见我如此,别过头去,继续和其他人划拳饮酒。

眼前人怔怔地看着我的娇羞之态,随即说道:"姑娘若是多笑笑多好,姑娘的笑容是极其美丽的。"

我听他这么一说,更是不好意思起来,便说道:"若是有了开心事,奴家自是愿意多笑笑的,只是奴家现在实在没有什么喜事,所以不愿意笑,还望公子见谅。"

"哦?李姑娘一般都为什么笑,或是喜欢什么,我差人给姑娘送去便是了。"

我摆了摆手,摇了摇头:"公子,你可莫要再说笑了,我进了官,便是皇上的人,自是要谨言慎行,哪里还由得了自己。你若是如此,被人知晓了,怕是我们两个都会没命的。"

"姑娘如此倒是多虑了,现在姑娘在我面前说着这些,倒是不怕皇上在这里安插耳目?"

"我与公子又没有什么过分之举,再者,我已被皇上接到宫中,他既然让我来招待各位饮酒,心中自有他的想法。"我幽幽道,"想必也是认为我不过一个妓女,所以便不那么重视吧。"

洪大人见我这般,也沉默不语,半晌又说道:"没有想到姑娘还有如此怨怼之心,倒是出乎我的意料了。"

"哦?怎的了?"我微有惊诧,抬起头来,"公子何出此言?"

他有斟上一杯,"我原本以为姑娘心系侯朝宗,未曾想竟然遭皇上冷落也会如此。"

我笑了笑,"公子这么说便不对了。奴家适才只不过感慨自己身如浮萍,命如草芥,情难自禁罢了。"

"如此一来，是在下误会姑娘了。"他哈哈笑道，"还望姑娘多多包涵。"

"来，公子，奴家敬您一杯。"我举杯向他一敬。他见我主动，也是心情畅快，与我大喝了起来。

如此几个回合，我便渐渐有些体力不支了。我身子晃了晃，便伏在了石桌上。此时华灯初上，宫中变得灯火通明。其他官员，连那阮大铖都已在我不注意时退了出去，只余洪公子坐在我的面前，喝的也是烂醉如泥。

他忽然吟道："黯然销魂者，唯别而已矣！"这首《别赋》也是我幼时所爱，这江郎才尽说的便是这《别赋》的作者江淹。

我笑了笑，见他将一首赋诵完，便又接道："自古皆有死，莫不饮恨而吞声。"

"好一个《恨赋》！"洪公子听了我的"《恨赋》"后哈哈大笑，他本身只是青年模样，如今激扬斗志，倒是像极了当年与我谈天说地的侯朝宗，我心下见他与自己相思之人长得也有几分相似，便本能的增加了几分亲近之情。

"来人啊，送李姑娘回宫。"只见他拍了拍手，一个太监便走上前来。

"李姑娘，请。"这太监正是当时为我引路到此的那位。他见我喝醉了，便有眼力地上来扶了我一把，"姑娘，您慢着。"

"姑娘，如此，朕便回宫了，明日再去看你。"说罢，他哈哈大笑，转身便走了，身后的宫女太监纷纷跪拜。我的酒瞬间醒了过来。

原来他便是弘光帝。

第七章 宫深似海，宣命难违，桃花扇美人欲摧

161

第三节　天涯芳草无归路

没有想到堂堂的皇帝竟然与伎女一席饮酒，我也明白了为何阮大铖等人都不敢来我身边调戏我。我被宫女侍候沐浴更衣后倒床就睡了，这一觉醒来便是天亮。

起床用了膳，沐浴更衣后，我便坐在了书案前。我只不过是皇上一时兴起接进宫里的伎女罢了，供一时玩乐，算不得什么。我如今的生活甚是悠闲，除了写写画画，便是在园子里闲逛。我并不知道朝堂上发生了什么，也不知道外面发生了什么。什么都与我无关，就是与我有关又怎样，我也改变不了什么，反而自己却被不断地折腾着，摆布着。

我就这样进宫了，没有正常的名分，但是却比寻常女官的身份尊贵得多。走到哪里都有人请安行礼。我倒是从未料到，我李香君也会有这样的一天。语柳因着我的原因，也没有谁难为她。只是弘光帝在醉酒的第二天却并未依言来我的寝宫。

是日，我正在书案前临字帖："更能消几番风雨，匆匆春又归去。惜春常怕花开早，何况落红无数。春且住，见说到，天涯芳草无归路。怨春不语，算只有殷勤、画檐蛛网，尽日惹飞絮。

长门事，准拟佳期又误。娥眉曾有人妒。千金纵买相如赋，脉脉此情谁诉？君莫舞，君不见、玉环飞燕皆尘土？闲愁最苦，休去倚危栏，斜阳正在，烟柳断肠处。"

这是小宛挚爱的《摸鱼儿》，我忽然想起她与冒襄并肩而立的模样，不觉心中伤感。当然，还有无尽的羡慕。早知如此，我当初便应该与侯朝宗一起走了。这都是有因果的。但我一直相信自己还能见他一面。

忽然，一个人在背后朗声道："姑娘倒真是琴棋书画样样精通啊。"我回过头去，果然，是皇上。他见我仰头望着他，笑了笑，说道："李姑娘有时候倒像是个孩子。"我一愣，才反应过来自己忘了给皇上请安，便忙跪下说道："奴婢李香君见过皇上。"

"爱妃无需多礼。"他将我扶起，我只是低着头，看他要说些什么。

"闲愁最苦。爱妃可是埋怨朕冷落了你啊。"我摇了摇头，说道："皇上说笑了。您每日日理万机，奴婢只不过供您闲时消遣罢了，你若是想起来奴婢了，便来看看，不来看奴婢，奴婢又怎么敢去看皇上。"

"那香君是在怪朕了吗？"

"怪皇上？奴婢怎敢，若是奴婢有什么说错了的，您可千万不要计较。"我怕刚刚自己这番率性之语，逞了口舌之快，是以现下想要赶快挽回。弘光大概就是喜欢我这没有规矩的样子，竟然也不责怪，只是依旧笑眯眯地看着我。我又想了想刚才自己说的话有何不妥，觉得没有什么。如此一来，我若没有那般心思，便是无论如何也是理在我的手中。

"没有想到，爱妃倒是对朕记挂得紧。"我突然想起自己刚才莫不是言语太亲近暧昧了些？竟然皇上觉得我属意于他，可是现如今我也只得如此，千万不能表现出自己竟然还牵挂着侯朝宗的模样，否则不知道这皇上会不会一怒之下醋意大发，将我杀死，那我就更不能再见到我的夫君了。

"只是那日皇上明明说好第二日要来看奴婢的。"

"爱妃，既然朕已经改口，你以后便不要以奴婢自称了。"我见弘光很是得意地看着我，像是在说，你看我已经将你收了，这个是对你莫大的恩赏。虽然我并不屑于此，奈何有的时候以柔克刚才是保命的关键啊。想着这些，我便盈盈拜谢道："香君谢皇上。"

他见我领了这情，竟然有些不快，忽然脸色阴了下来。我不知晓他又在想些什么，于是便道："皇上，您怎么了？"

他见我主动关心他，又变得开心起来："没什么，只是刚刚想起你曾经嫁与他人，想到朕之爱妃有如此过往，心中有些不快罢了，没想到竟然让爱妃看了出来。"

我心中一紧，莫不是皇上想着我与侯朝宗曾为夫妻，现如今他将我娶进宫中宠爱，所以便容不下侯朝宗，想要杀他灭口？只是现下我不能多做举动，于是便说道："皇上，过去的事情臣妾都是觉得不愉快的，每日颠沛流离，并不快乐。只是那日与皇上在花园中畅饮，没有想到洪大人竟然便是皇上，于是放肆了些，可是与皇上对吟'恨别'二赋，臣妾至今不能忘怀。"

皇上见我这么说，便舒展了眉头。我想他大概是多疑之人，只是这多疑却着实累心啊。我又说道："皇上当真是玉树临风，人中之龙，只是每当皇上这般皱起眉头，妾身便心惊胆战，真是怪可怕的。"

皇上将我扶起，搂着我说道："爱妃若是不喜欢朕皱着眉头，朕便听了。来啊，李贵妃进谏有功，赏黄金一百两。"

我心中苦笑，这皇上倒是当真有趣，却略显荒淫无度。只为了一个女子便可轻巧抛出一百两黄金，此时战事加急，我虽不知道发生了什么，却依旧能从宫人的行急匆匆中看出战况紧张。

"爱妃，今晚朕来陪你如何。"我心中一动，想来该来的事情总是要来的，这样的事情，从阮大铖要送我进宫之时我便应当料到了，只是这皇上倒是把持得住，对我很是尊重，接我进宫已经一月有余，却从未动过我。

"皇上上次便说要来看臣妾，却并没有来。"我娇嗔道，向他假装自己全是埋怨。他见我这般模样，大概觉得很是可爱，便又将我搂住，语气暧昧的在我耳边说道："香君若是等不及了，现在也可以。"

我只觉得耳边十分的痒，见他竟然开始挑逗我，心中不情愿起来。

"皇上，白天耳目如此之多，又怎能如此呢，您说了要晚上来看臣妾便要有君子之风，不能儿戏。"

"好，香君总是能让朕惊喜。"

我也不知道自己究竟说了什么，竟然让他觉得惊喜。弘光倒真是难测其心。不过这便是传说中的伴君如伴虎吧。

"那么朕便走了，你好生待着，朕保证，晚上一定来看你。"说罢，他便走了。一群人恭送着，我却觉得这皇上当起来十分无趣。原本觉得他俊逸风流，放荡不羁的那些念头，现下竟全然没有了。

待到用过晚膳，弘光还没有来。我心中想着他终究忘了这么一码事，也是乐得自在。如此，这便与我无关了。然而正当我沐浴更衣打算就寝之时，却传了一道旨过来，让我去弘光的寝宫中侍寝。

一辆鸾车将我接走，我着单衣，过了一道官门，又过了一道官门，车子转了个弯，又走了不多时便停了下来，有宦官道："李贵妃到。"我被搀扶下了车，见眼前便是弘光的寝宫了，倒是没有我想象中的金碧辉煌。我原本以为他既然能直接赏赐我百金，定是奢侈无度了。倒是和我想的不一样呢。

宦官道："娘娘，您是初次侍寝，有些规矩怕是不清楚。原本皇上特意吩咐了，一切都要由着娘娘的意思来，因此便没派人把皇上的禁忌喜好告诉你。只是眼下娘娘千万要小心行事。奴才的话到此便已经见亮儿了。"

我点了点头，说道："多谢公公指点。"心中却是明白，这摆明了是要我用青楼的那些狐媚手段来应付他，故而没有教我官里的规矩。弘光大概是厌倦了这官中那些人的死板，所以特意将我寻来，想要尝尝鲜罢了。

明白了他是什么心思，只觉得此人当真是龌龊。然而我即将失贞于我的夫君，这让我心中很是伤感。然而这又有什么办法呢？谁知道那侯朝宗是不是早已娶了别人，就算没有，我也是不能嫁给他的，我没有小宛那样的福分，所以倒是不如先活下去，再看看。

那夜我是如何讨好弘光，如何在他身下婉转承欢，我是早已不记得了。我只把他当做侯朝宗来看，倒也可以投入。其实侯朝宗与弘光长得倒是有几分相似，我心中虽然仍是想着侯朝宗，望着那相似的面孔，相近的说话语气，竟然不自觉地沉沦其中。

第二日我醒时只见弘光早已醒来。他一直在看着我，是以我刚刚睁开眼睛便对上了他的眼睛。他笑了笑说："香君醒了？昨晚可是愉快？"

这句"昨晚可是愉快"直接叫我又羞又怒。其实弘光并没有强迫我，只是现在想着自己竟然做了这样的事情，怕是从此便为天下所不齿。我倚着他的胸膛，默默不语，他见我娇滴滴的样子，也不好再多说什么。过了一会儿，他的手抚上的我的眉间，"香君还说让朕别皱着眉头，说是看着害怕。可是香君皱着眉头，一个美人如此，当真让人心疼。答应朕，以后不要再这样了可好。有朕在，还会让你难过不成，便是烽火戏诸侯，朕也要你开开心心的。"

烽火戏诸侯？唉，周幽王又岂是明主。他竟然要效仿那昏君。想到这里，我不禁忧虑起来。

弘光又与我讲了一会儿话，便走了。一群宫女侍候我沐浴更衣后，我便被送回新安排的，离着皇上寝宫近一些的住所。

"芳怡苑是陛下赏赐给李贵妃居住的，已经打扫妥当了，一会儿下人们便将娘娘的行李都搬进去，今日就先拾掇出当下要用的东西，其他的日后再慢慢打理。娘娘想必侍候皇上也乏了，赶紧进去歇息吧，明日辰时在大兴殿中为娘娘册封，早起要沐浴更衣，身着朝服，可千万不能马虎了。"

语柳此时已经恭候了许久，她见这老宫女说完了，便道："多谢指点。"我笑了笑，对那宫女道："还不知这位姑姑的名字。"

老宫女应该已过了四十，面容保养得十分好，只是那威严一看就是官中老人。她见我虽不是有什么好出身，对她也算客气，她倒也愿意承我的礼。她谄媚道："娘娘，老奴唤作赵穗，从前朝起便一直服侍着，如今虽然换了皇帝，却依旧是这朱家天下，是以老奴也算忠诚。"

"赵穗姑姑，想必你也知道我的来头，我也不过是想在这宫中得以安身罢了，也不想出什么风头，现下虽有皇上宠着，可又有谁知道圣心如何。所以有些事情还望您提点。"

"娘娘可不要低估了皇上对您的宠爱。芳怡苑实则是皇上乳母生前伺候的地方，是以皇上对这里感情可深着呢。他既然让你居住于此，定是与你十分亲近，娘娘您可不要负了皇上这番心思啊。"

"哦？这其中渊源我是不知道的，也多亏您相告。"说着，我给了语柳一个眼色，只见她从怀中掏出一个金锭，笑着递给了赵穗："姑姑以后就是我们娘娘的人了，少不得要麻烦姑姑了。"

赵穗也不推辞，收下金锭道："好说好说，以后有什么需要，尽管叫你们院里的下人去找我。奴婢先行告辞了。"说完给我行了礼退下。我推门进院，门口已经有两个宫女和两个小宦官候着，看见我和语柳进来，跪下道："参见贵妃娘娘。"

如今我也看习惯了，马上说："不必多礼。"放眼望这院子，院子的格局跟普通民宅也没什么不同，都是正房，东厢房，西厢房，只是精致华丽很多，中间的院子也大得多了，院子的东北角，种了一棵硕大的青铜树，树干粗壮，枝繁叶茂，高高的树枝比房顶还高出许多，语柳看了，分外的高兴，跑过去，手抚着树干转了好几圈。我见她这样，知道她是想起自己的拿手好戏，想要爬树。只是这可怎么行，这小丫头片子原本是阮大铖送与我的，只是没有想到竟然在我面前如此放得开，如此的调皮捣蛋。

语柳吐吐舌头道："我就偷偷地，关上院门，没人知道。"我见她执意如此，便说道："你啊，可别摔到。"语柳吐一吐舌，蹦跳着朝园子里跑去了。

我便起身去正房看看，一进门，就是客厅，正对大门是一张桌案两把椅子，桌案上方的墙上挂了一幅字，上书"乐见悠然"。左手边是个书房，有书案，书架；右手边先是一个饭厅，有饭桌，椅子，穿过饭厅，就是卧房，卧房又分里间和外间，里间是给主人睡的，外间是给下人睡的。

我看了一圈，对着原本在房里候着准备服侍的丫鬟说："宽敞是宽敞的，东西倒不多。明儿把我原先的那些东西都搬过吧。便不用重新置办了。"

那丫鬟道："回娘娘的话，奴婢赶紧吩咐人去做。"我点了点头，便准备用晚饭了。

吃了晚饭，便有人将明日要穿的册封礼服送来了，那是一件缂丝云锦朝服，看着便厚重。还有皇上赏的一些日常衣服：玉色绉绸袄、玉色春绸袄、金黄江绸单袍、湖色春绸衫、金黄芝麻地纱袍、石青实地纱褂。还有一些首饰：点翠凤钿、福满簪钿、双喜字银边钿、牡丹花寻常钿、海棠花寻常钿、珊瑚朝珠一盘、如意冠二顶、翡翠白玉点翠珊瑚珍珠宝石各式挑簪十对、珍珠耳坠一对、碧玡瑶耳坠一对、宝石耳坠一对、翡翠耳坠一对；寝具也捡着紧用的拿出了些：大红缎绣龙凤呈祥被褥枕头两件、大红缂丝边被褥枕头两件、金黄缎绣龙凤呈祥坐褥靠背两件、大红缎绣瑞云满地边坐褥靠背四件、红毡绣金鹇鸪边床毡八块、大红猩猩毡地毡二件、红缎绣龙凤呈祥边帐一架、大红缎绣边幔四块、大红缎绣瑞云满地大褥一件、大红缎绣金鹇鸪坐褥十个、大红缎褥七件……

这些东西我真是前所未见，只觉得定是件件都珍贵得很。语柳在一旁拍手道："姐姐，不，娘娘，您看皇上待您多好啊，这么多的宝贝。"语柳大声称赞，实在忍不住便上手去摸，可见这财富对人的诱惑力有多大。这么多的宝贝熠熠生辉，我只是觉得这整个居室都变亮了。就在这时，只见门外有人宣到："宝成公主到。"

宝成公主是皇上的亲妹妹，弘光趁着天下大乱得了旧朝老臣的扶持，便又立了新政权，宝成公主自幼和皇上亲近，也从郡主一晃变成公主，只是因着天下动荡，竟是一直没有许人家。

话音刚落，正房门口走进一个如花似玉的少女，年纪比我长不了一两岁。

宝成公主说："早就听说嫂嫂要来，我一直让人打听着，果然今日就到了，这回可好了，来了美人嫂嫂，宫里就不会冷清了。"

我见了宝成，也分外的高兴，这倒也是一个好玩伴。拉着她的手到饭厅桌子边坐下，宝成公主又说："你虽是我嫂嫂，但你比我年幼，我叫你妹妹倒显得亲近，可好？"。

"公主说的正合我心意呢。"我笑道

公主打量了一下居室，看到了我的那身朝服，便问道："妹妹明儿个就穿这个么？"。

我点点头，宝成公主便走过来欣赏，赞道："我早就听说江南针织刺绣都略高一筹，看了你这件朝服，确实名不虚传，妹妹穿上给我看看吧。"语柳听闻公主如此发话，便也说道："对啊，娘娘，何不穿上啊。"

我想了想，倒不扭捏，脱下外衣就将朝服穿上身，语柳伺候着穿好扣好，于是便在屋子里走动了一番。

只是我这走姿虽是窈窕，却还是有些缺少规矩。宝成道："妹妹摇曳生姿，确实美丽，只是这让朝臣看了，怕是会有说法啊。"

我见她不似难为，而且说得也在理，便回道："如此便有劳公主指点一二了。"

宝成公主将双手合在腰间，粉面微颔，直腰挺背，缓缓地迈着步子走了起来，不疾不徐，端庄娴雅，当真是稳重，不似我这般有风尘味道。

我学了一学，公主笑道："真不愧是江南才女，学得就是快。如此便不多打扰了，明儿可就看妹妹的了。"说罢，她起身告辞，我想要送送，却被拒了回来。我心想今日做的也算周到，若是这宝成对我有什么成见，便随她去吧。

第二天，我一早起床，沐浴更衣，换好朝服，略施粉黛，由着语柳和赵穗陪着，在册封殿门口候着。

只听殿内有宦官高喊道："李香君上殿。"我想着昨晚公主的样子，娉娉婷婷走上殿，语柳和赵穗则在殿外等候。

宝成在殿上见我，笑了笑。我朝殿上看了一眼，只见弘光一脸惊喜地望着我。

宦官高声读到："今有南京李氏香君，性聪慧，婉仪容，德蕴温柔，性娴礼教，封为贵妃，即日起入住芳怡苑，钦此。"礼教？我心中只觉得嘲讽。

"李香君领旨，谢皇上隆恩。"

第四节　锦衣华服无心享

我谢恩后，来到了弘光身边。弘光的王妃死得早，在这之后他也没有续弦。弘光执着我手笑赞道："真是姿貌无双啊。"我见宝成公主还在一旁，心中不由得害羞起来。弘光见我面容天真无邪，眼神纯净明亮，一副没心计的模样，便对我更多了一些好感，抚摸着我的手说道："我母后过世早，没有见过你，不然定会喜欢你喜欢得紧，你真是像极了我母后啊。"我觉得弘光只不过认为长得美一些的女子都像他的母后，只是见他竟然惦念自己母亲，觉得像极了自己的小时候。虽然我并不爱他，可是我倒是愿意温柔待他。

宝成见我们二人如此，便咳了一声。我赶忙从弘光手中抽出自己的手。弘光只是笑着对宝成说："妹妹这是怎的了，可是心急了？要不要皇兄为你指一桩亲事？"

宝成倒是有种北方女子之磊落，她撇撇嘴，说道："我可不喜欢什么郎君，一辈子只能侍奉那么一个。"说着她看了我一眼，"或是那么两个，又有什么意思。"

我被她一说，面色发白，竟是失了知觉般。是啊，我竟然在夫君未死之时便嫁了别人。当初阮大铖强行让我嫁给田仰之时，我拼命不从。如今嫁给了弘光，竟然早已没了那些羞耻之心了。李香君啊李香君，你倒是怎么了。

弘光见宝成如此为难我，便说道："妹妹也是乏了，便早些回去吧。"

"哥哥倒是护短，不过宝成倒是有一事相求皇兄。"

"你倒是说说，看看为兄的能不能做到。"

"皇兄，宝成每日在自己宫中实在是寂寞，想要寻些面首陪我玩耍，不知道哥哥可会应允。"

我没有想到宝成公主竟有这样的爱好，见她端庄文弱的样子，竟然行事如此乖张奇特。

"哦？面首，宝成想要多少，你说了便是，但是以后可不要再随意来欺负香君。"说着，他俯下身亲了亲我，我又不能躲开，便只能任他亲吻着。

"皇兄可真是风流呢，竟然当着自己亲妹妹的面儿就这个样子呢。"

宝成垂下眼帘，只见她今日画了梅花状，一点红瓣绘于眉间，很是妖冶。她一身华服打扮，整身下来竟是不比我朴素多少，如今又出言惹得满堂目光，反像今日的主角本就是她一般。

我在秦淮见惯了这种争风吃醋的事情。如今看来，宝成怕是对弘光有几分想法。只不过他们可是亲生兄妹啊。她昨晚让我穿朝服莫不是来探探底细，所以今日才穿得这般夺目。

"我要三十个。"我心中大惊。从前有山阴公主爱男色，曾向自己哥哥要了三十个面首供自己玩乐。这宝成的胃口倒是也真大，不知道她还能闹腾出什么来。

"如此，便依了你，明儿让他们送些人进宫来，你且好好挑选。"

"多谢皇兄。"宝成抬起头笑了笑。

我从她的眼里看出了一丝歹毒。

芳怡苑的花园里栽种了许多石榴花。一日我和一些宫女在园中玩耍。我因为性子温和，也没有什么主子范儿，因此平日里她们也和我玩得开。虽说此时花期将过，但还有星星点点的红色花朵点缀在绿叶丛中，倒也十分耐看。语柳见了欢喜，摘了一朵戴在头上，我见着便笑道："这石榴花儿的意思，语柳可是明白？"周围服侍的宫女哈哈大笑，语柳见我们笑个不停，也反应过来这石榴花儿是什么意思，忙羞得跑到远处。未曾想她跑得盲目，竟然撞到了一个人。

那人身上叮当作响，此时被语柳撞了，正在整理衣衫。语柳抬起头，只见是一张颇为清秀的脸。周围有在宫中待久了的宫女认出了这是谁，便跪下道："奴婢给清嫔娘娘请安。"

原来，这便是弘光的妃子之一，清嫔。

清嫔那日在我的册封仪式上也知道我是谁，知道公主为我争风吃醋，也明白皇上对我十分宠爱，对我倒是有几分忌惮。这时刚刚请安的宫女出来道："贵妃娘娘，这位是清嫔娘娘。"

"姐姐好，倒是一直没有走动，没想到您竟自己登上我这芳怡苑呢。"我忙说道。

我心中只觉纳闷，清嫔进来时竟然没有通报，想必真是把我这里当做想来就来，想走就走的地方了。清嫔只是淡淡地对我笑着，说道："早听说妹妹才貌双全，今日前来拜访，只是前面的奴婢大抵都跟着妹妹在园子里玩儿，竟然没有通报。我也是失礼了，直接就走了进来。不过妹妹可要注意了，这次是我，下次要是某些心怀不轨之人，趁妹妹在园子里玩儿的时候，进屋子动了手脚，怕是妹妹只有哑巴亏吃啊。"

我心道清嫔说的着实有理。只是我竟然并不知道前面竟然没有留人，怎么如此大意了呢。回过头清点，果然分给我的八个宫女，四个太监，再加上语柳，都在这园子里。

"多谢姐姐提点，妹妹到底是个没有规矩的。刚刚还没管教好身边的人，让她不小心撞了姐姐。来，快快进我屋子里，让我来好好招待姐姐，赔个罪。"

清嫔摆摆手道："这不劳妹妹费心了。不过，这还有一件费心之事要劳烦妹妹呢。"我想了想，只觉得如今倒是没有什么能让清嫔求得上我的。

173

便说道："姐姐有什么事情，但说无妨。"

清嫕眼睛转了转，原本清秀的脸上倒是显出几分灵气。我知道这也不是个好伺候的主子。宫中如今最得弘光宠的两位小公主便是这清嫕所生。只是不知道她到底有什么事情要有求于我。

"早就听说妹妹才貌双全，在册封之时便领略过了妹妹的风采了。如今这事情也确实棘手，我和皇上说起了这事，他怕我烦到你，只是挨不住我一直求着，便也允了。这也是为英儿，丽儿着想，所以我便登门拜访了。"

当真是无事不登三宝殿啊，我与清嫕这是第一次交流，没想到她竟然如此直接，不过提到那两位公主不知又是何事。"

"是这样的，英儿丽儿如今也一个八岁，一个十岁了，只是还什么书都没读。就是那琴棋书画也是没有习的。我原本想要请个先生，可你也知道皇上宠这二位小主子，因而所有的先生都只能望而却步啊。她俩一直以来都是不听话的，课业也没个长进。我忽然想到妹妹您的琴棋书画样样都是拿手的。所以请您来教一下我这两个女儿，您身份在那儿，想必她们是听你的话的。"

我想了想，每日虽要伺候皇上，可到底是闲着无趣。于是嘴上便应承下来了。

自此以后，每日早晨，英儿和丽儿便来我宫中读书习字。但是英儿身子有些弱，十天倒有三四天要修养，不能过来。丽儿倒是身体康健，但是颇为顽皮，常常跑去捉蜻蜓追蝴蝶，放风筝荡秋千，借故不来我这里。

倒是语柳也跟着旁听。她从前略识得一些字，甚觉有趣，现在每日里不用做别的活计，又有我仔细地教她，便如饥似渴地学习起来。再加上语柳天资聪慧，学业突飞猛进。我每每检查她们几个的功课，都对语柳不禁夸赞一番。

这一日，三个孩子做完功课，便央求着我讲故事。我想了想，便给讲了一个这样的故事："从前有个书生，名为柳毅。在前往长安赴考途中，在泾阳遇到一位女子在冰天雪地下牧羊。在多次上山打听后，才知道原来对方乃是洞庭湖的龙宫三公主，远嫁给泾水龙王十太子。可惜小龙王生性风流，娶妻之后不但没有洞过房，连碰也没有碰过她。三公主独守空房之余，又被翁姑欺凌，带负责降雨降雪的羊群到江边放牧。周遭水族禽鸟慑于龙王声威，都不敢为三公主传书回家求救。柳毅义愤填膺，答应放弃科举的机会返回家乡送信。"

三个孩子见我讲着，都睁大了眼睛，英儿问道："这龙女难道长得不漂亮么，未何太子都不愿意和她洞房？"

被她一问，我也仔细想了想。是啊，为何龙女漂亮却没有那龙太子来疼惜呢。只见语柳眼睛转着，说道："想必是那龙女性格不好？定是那种柔柔弱弱的，所以这太子不喜欢。"丽儿道："语柳说得不错，我有时若是见谁性子和我合不来，便是不喜欢与之交往，还有，那人长得好看也是不行的。"

英儿见丽儿这么说，又言道："那是你自己性子不好，怎么还怪起别人来了。"丽儿不服气地指着语柳："这是语柳刚刚说的，我也不过附和，你倒是和我吵什么吵。"

我见她们几个叽叽喳喳的如那小雀儿一般，心中很是喜爱。想到自己竟是没有一个孩子，不觉伤感。

语柳她们吵完了，大概也没有吵出个所以然来，便对我说道："娘娘，你且快再给我们讲讲，这后来倒是又发生了什么？"我见她如此，便笑了笑说道："后来，柳毅便回家乡将信儿报给了龙王。龙王看了大怒，当即将龙女抢了回来，并且将她许配给了那柳毅。从此柳毅也无需考取什么功名，只是靠着海里龙王的宝贝便富可敌国。"

第八章

和恨成疾，隐居为尼，君心归日不可期

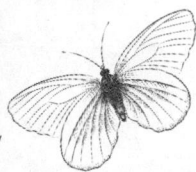

池塘水绿风微暖。记得玉真初见面。

重头歌韵响铮琮，入破舞腰红乱旋。

玉钩阑下香阶畔。醉后不知斜日晚。

当时共我赏花人，点检如今无一半。

第一节　一见知君即断肠

"香儿在讲些什么呢，竟是让朕的小公主们都听得这么认真。"我转过头看去，原来是弘光。我向他施礼，他上前一把抱住我："香儿，你可是有想我？"我见周围还有孩子在，便撇过脸去，小声说道："皇上，公主们还在这里呢。"

他刚刚明明提了公主，此时竟像是刚刚看她们二人一般。

"怎的，见到父皇为何不请安？"弘光有些不高兴地说道。

我见英儿似是眼中有泪，便说道："皇上，两位公主年纪还小，您可别吓到她们。"

"父皇，你从前不是总来抱着丽儿的么，怎么这次只抱李母妃？"丽儿说道。

"父皇是大人，从前只抱丽儿，没有抱着你李母妃。现下有了李母妃，便要多抱抱你李母妃，自然就要少抱着丽儿了。"我知道这样说下去就是胡闹，就对弘光说："皇上，臣妾怎么能和公主争风吃醋，您还是饶过臣妾吧。"

弘光点了点头，亲了亲我的额头说道："好，好，我的香儿说什么便是什么。"然后他又对着那两个孩子说："你们先下去吧，改日我去你们母妃那里瞧瞧，顺便去看看你俩。"

说完，他竟然就抱起我，走了。

我不知道那两个孩子会怎么想，只是第二天，依旧如往常那般上课，没有任何不妥。

第八章

积忧成疾，隐居为尼，君心归日不可期

不知不觉，又过了半个月，我被弘光叫去城门口处相会。

他要带着我出去微服私访。我心中只觉有趣，我本就是长在民间，不像他对市井生活那么好奇。我被太监安排换了便服，被带着走到宫门处。忽然见到前方一排禁卫军走了过来。就在擦肩而过的一瞬间，其中一位禁卫军竟然回过头，呆呆地看着我，没有说话。我望着那张正对着我的脸，竟是心乱如麻。

这张脸真是太熟悉了，只是我却有十二年没有见过了。

那是我的表哥，姜疏。

我原本以为我再也见到不到他了。就算是见了，也是认不出来的。他还是如年少时的那般模样，不过脸上的婴儿肥消去，身子变得高壮起来。我看了他一眼，知道此时不是相认的时候，便对他示意了一下，转身就走了。

有亲缘关系的人莫不是真的心有灵犀？我们好像真的会懂得彼此的心意。

我的表哥姜疏，我竟然真的又见到你了。那么是不是就预示着我还会见到我的侯朝宗侯公子呢？我想着前面还有等着我的弘光，心下有几分凄凉。他们是我生命中最重要的三个男子，可是却让我总是感到心伤。我走着，看着宫门口的弘光，不知道如何才能结束这样的日子。我的一生已经许给了侯朝宗，那么今生便不会再属意其他的男子了。想着，我却笑着朝弘光走了过去。

他见我一脸明媚，对我张开了怀抱。

那日他与我畅游了集市，玩得很是开心。因为带着面纱，所以没有人认出我来。我放纵着自己，看着身边的弘光想着和侯朝宗在一起的日子，又想起刚刚见到的那张熟悉的脸。

那真的是表哥吗？我有些不可置信。但是有个声音在我脑海中不停地盘旋着。

那就是姜疏，毋庸置疑。

转眼重阳节也要来了，弘光便要我带着宫中少有的几个女眷去宫外游玩。大概是因为我从小生长在宫外的原因，他对我表示倒是十分放心。我总是觉得这其中有太多的考验。大概我并不信任他吧。自从那日从宫外回来，我便让人打听是否有姜疏这么一号人物，竟然没有一点消息。大概是我认错了？是我的幻觉？不，不，一定不是。我每日苦思冥想着，却没有结果。在弘光面前还不能展露出自己的烦恼。日子过得很是不开心。

到了初九这一天，早上在我宫中习字的时候，丽儿英儿和语柳已经是心不在焉，好不容易放了学，匆匆吃过午饭，三人便一同在园子里等着。还有公主和清嫔娘娘没有来。

因要到宫外，三人的衣服都换成了普通的襦裙，外罩一件半袖衫，时值秋季了，天气微凉，三个孩子都穿了披风，而头上则戴面纱用来遮蔽脸庞。她们都怕将自己晒黑。这三个孩子除了语柳外，都是第一次出宫，因而对这着装只是觉得新奇有趣。语柳见两位公主的面纱都是用蚕丝织的，便嘀咕着，我见她如此，便悄悄拉她到身边说道："傻语柳，其实这麻做的面纱才最是凉爽，蚕丝做的是要来匹配公主的身份罢了。"

她点了点头："语柳知道，语柳不过是稀奇罢了。"语柳原本活泼的性子，经过我几番调教，倒是老实不少。平日行事很是稳妥，让我很是欣慰。

这三个孩子还在研究那面纱是如何遮阳的，门口的小宦官喊道："宝成公主驾到。"话音刚落，只见宝成公主带着一个俊美男子走了进来，我一瞧心中大惊，这不就是我一直寻找的姜疏么！姜疏表哥看了看我，也是一愣。宝成公主似乎是有所察觉，便说道："怎么？许图，你认识李贵妃娘娘？"

许图，这又是什么名字。我见宝成要责难表哥，刚要说话，没想到却被姜疏表哥截去了话头："回公主的话，李贵妃娘娘很像我邻家一位女伴，所以便失礼多看了几眼。"

"唉呦，你可要小心着点儿，这是李贵妃娘娘，可不是你那什么女伴。我是个好说话儿的，倒是没有什么，你下次若是再这么不小心说话，再这么不小心地四处瞎看，要是让我皇上哥哥知道了，怕是你十条命也留不住。"

姜疏说道："知道了，小的多谢公主教诲。"

宝成闻言，哈哈大笑道："怎么样，贵妃妹妹，你看我这面首训练得可好？"我不知怎么说，心中只有震惊，自己的哥哥竟然成了那面首，专供公主玩乐。也不知道我们祖上造了怎样的孽，竟然让我供男子娱乐，表哥供女子娱乐。我心中苦笑，也是没有办法。

"公主机敏，像是我刚入宫时便是个没有规矩的，也算是宝成姐姐调教得好呢。"

她又是一笑："也是，你那狐媚子气太浓，哦，那叫什么来着，对了，就是骚气，果然是秦淮出来的，就是风尘女子。"她见弘光不在，便出言不逊地侮辱我。可我根本不在乎这些，毕竟她也是个苦命的人儿。

表哥抬起头看了看我，眼中有几分不相信。我懂得他的想法。自己心爱的表妹落到如此田地，多么让人心疼啊！

宝成见表哥又是这样看着我，竟然有些醋意，便说道："我说许图，你难道不知道么？贵妃娘娘可是窑子里出来的，你可小心些，别被她把魂儿勾走了。我皇兄便是这样子，有好一阵子没有理我了。"说完，她落寞地叹了口气。我不知道如何是好，不知如何向表哥、公主还有自己给出一个最好的解释，只是默默地没有说话。

丽儿和英儿在一旁见公主这么说，也开始小声说了起来："说起来自打李母妃进了宫中，父皇确实待我们没有从前那么好了。"

正说着，只听又是一声通报："皇上驾到，清嫔娘娘驾到。"我们连忙跪下迎着皇上。弘光见我跪在地上，便一把拉我起来。我能明显地感到公主和姜疏两个人身子都是一僵。我心中只期望皇上不要当着这二人的面再做出什么过分举动才好。正想着呢，只见那皇上又俯下身子亲了亲我的脸蛋，亲昵地说道："香儿，等下就有劳你了，朕还有些事情，先走了，晚上再去看你。"

宝成嗔怪道："皇帝哥哥怎么这么迟才来。"弘光这才理她说："刚才在大殿里跟群臣议事，想着你们要歇午觉，就没急着过来。"

我见他这样，便说道："今儿个要出宫玩耍，哪还有心思歇午觉。"说着，我便笑了笑。弘光望向我，只见此时中午的阳光正映在我的脸上。我的面颊如同一块莹白美玉，闪动着伶俐光彩，目波澄鲜，妩眉缱绻，朱唇皓齿，笑容明媚，很是勾人。

宝成公主、表哥、清嫔、弘光等人都看呆了。宝成不愿他们再多看我，等不及地说道："我们都准备好了，快走吧，快走吧。"然后走到姜疏表哥面前说："许图，今天你不能离我左右，你要保护我。"说着他又是看着我，似乎是要示威一样。只是我哪里想要和她比试。表哥姜疏躬身行礼道："小的定当尽心保护几位殿下。"

弘光说道："安车已经备好了，你们的丫鬟今日留在宫中不必随行，以免人多走散，也免得惹人注目。"

我们又整整衣衫，带好面纱，走出院子，上了安车，我们回头和弘光道别。只见他在那里挺立着，看着愈加像侯朝宗。我回过头来，看见表哥姜疏骑马在前，小厮们尾随安车在后。一行人转过几个弯，便出了一个高大的宫门，沿着街道穿过皇城，不一会就到了另外一个宫门。表哥姜疏似是和守门的禁军很熟悉的样子，还打了个招呼，最后拿出通行牌符，便得放行。终于，一行人穿过重重门卡，来到了皇宫之外。

刚出了宫门，语柳和英儿丽儿就迫不及待地伸头出去张望。身后是越来越远的皇宫，前方是熙熙攘攘的大街，街上人来人往，当真热闹得很。

183

语柳高喊道："姐姐，我要下车逛逛。"

宝成道："你这个小丫头没事乱嚷嚷什么，今天先去木兰园那边走走，那里清静，也是你贵妃姐姐安排好了的。再说了，在这里瞎逛你不怕出事情？当真是个没有分寸的丫头片子。"

我见她这样说语柳，虽是想要反驳，奈何公主除了言辞狠戾了些，倒是没有其他不妥的，便说道："语柳，公主说什么我们听什么便是了。"宝成见我这么说，竟是猛地直起身子来："怎么的？李香君，你是想要说些什么。"

"我是不敢说些什么的。"我连忙回应。

清嫔见我们关系紧张，竟然"噗嗤"一笑。我和宝成只当被她捡着热闹看，便也不再争辩了。

语柳和英儿丽儿听得这样安排倒也不错，就不再闹着下车，三个小孩子从窗户向外张望，也觉得新奇有趣，不时指东指西，笑作一团。

安车走了半个多时辰，丽儿困乏便在车里睡了，英儿和语柳倒还是兴致勃勃。终于，一行人到了一处清幽的园林，语柳和英儿便拿着小草绳去挠丽儿的鼻子，惹得丽儿打了几个喷嚏便醒了过来，那种憨态惹得我们几人都是哈哈大笑。我望了望这幽深的林子，说道："此处就是木兰园了。"

这木兰园是一位王爷修的私家府邸，崇祯年间又被人修葺一新，但是这几代皇帝几乎很少到这里来，甚至都不知道这里竟有一个园子，今日我们一行人来此处游玩，木兰园的管事已经得到了消息，侍候在门口，过来见礼之后，就引着我们向园中走。

一行人一边向园中走，一边欣赏着园中景色，雕梁画栋，亭台楼阁，映衬着一湾缓缓流动的溪水。看楼宇，有宫中风貌，看景色，又有江南的韵味，实在是一处上好的修养之地。

不一会儿，我们一行人来到乘船的地方，上了船，船上还备了酒水和吃食，由船工划船，我们几个人便在船上一边饮酒吃喝，一边沿着水流游览。这语柳和英儿还有丽儿都是没有尝过酒的，眼下清嫔见我竟然备了酒水，心中未免有些不满。我心中知道这又有给她留个话柄，也是心中也有些不舒服，只不过一旁的宝成忽地哈哈大笑起来。只听她道："好酒，当真是好酒啊。"我见她是有意帮我，心下也是感激，便说道："公主喜欢就好，也算是妹妹没白白辛苦备下。"

英儿丽儿还有语柳三个孩子见她饮酒如此豪爽，便都想要尝尝酒的滋味，只是奈何清嫔在，便不得放肆。语柳是个没有管教的，英儿丽儿毕竟是公主，还有看她们母妃的意思。我见她们如此，便说道："清嫔姐姐何不让小公主们小酌一杯，让她们知晓了这酒的滋味，免得日后时常挂念着。"那清嫔刚想反驳，便被宝成抢了过去，说道："就是，我们朱家女儿哪有那么没有能耐，来来，听姑姑的话，姑姑给你们倒酒喝。"只见宝成亲自给英儿丽儿倒了一杯酒，那语柳见她们两个有酒喝，也想喝，她看了看我，我点头微笑。她便快活地也喝了一杯，只是一会儿工夫，这满船的人，便都倒下了。

众人在船上玩得尽兴，见已是夕阳西下了，便赶忙往回赶，生怕过了门禁时间。安车上摇摇晃晃，我又多喝了两杯，不一会就觉得头晕，想闭眼定定神，谁知一闭上眼，脑子里就开始打转。这种感觉，我虽不是第一次，可是几个孩子可不是这样的。我睁着眼睛看着她们几个倒是有趣。

一个月后，不知道这弘光是不是打赢了什么仗，竟然要在宫中举办庆功宴，弘光吩咐我准备个节目，我想了想，便决定跳那霓裳羽衣舞。

庆功宴上，弘光自己一人坐在殿中央，宝成带着姜疏坐在弘光左侧，清嫔带着两个孩子坐在右侧。又有一些女官模样的坐在清嫔下面。偏殿之中，我已经换好了舞衣，偷偷挑开隔断的帘幕，向正殿中张望，只见弘光似是感受到我的目光，向我这边微微一笑。姜疏似乎也是见到了，也向我这边看来，我怕被弘光瞧出什么，便转过头去，装作正在准备的模样。

我放下帘幕，定了定神，深吸一口气，这舞蹈早已烂熟于心，只要乐声一起，身体便会不由自主地舞动。只是这舞蹈我学的时候，师傅便指导我说，让我以后跳给自己心爱的人看。这舞姿玲珑无双，舞罢若是得良人揽腰在怀中，眉目传情，也是一番风韵。

我气质本就清丽，这舞蹈因是杨贵妃所编，大部分是西域的舞蹈，所以我又用毛笔在眉心描画一个椭圆的朱砂点，一边细细地对着镜子端详自己的妆容，一边想着，这殿上之人是我表哥，弘光待我也是很好的，只是侯朝宗此时不知道竟是在何处？此时，大殿中，歌姬们已然凑起了琵琶，哼起了旋律，我也只是在后台跟着哼着，偶尔会加上几段唱词。我本就是学过唱戏的，这么几句歌词于我实在是容易。我声音婉转清丽，边唱边瞧着殿上的动静，只见弘光姜疏诸人都不知在看着哪里，似是在想着什么事情。不一会儿，琴瑟声声，轻唱悠扬，台下走上两队舞姬，她们一边轻移罗步，一边挥动衣袖，洒出片片白色羽毛，转而，舞姬分开两边下场，我趁此机会赶忙从这人群中一个旋转舞了出来。

乐声先是徐缓柔和，我轻踩云步，翩翩起舞。时而高举双手，如白鹄展翅；时而又将双手低垂，如弱柳扶风；时而微掩粉颊，半露娇态；时而又折腰转身，脚步轻移。飘逸的舞姿，洁白的舞衣，配上我的星眼闪动，含笑流盼，虽无任何珠翠，但仍然光彩照人。

突然，乐声由徐缓变得急促，丢掉手中飘带，双臂一振，舒展开长袖，随着一连串的掩袖、拂袖、飞袖、扬袖，长袖飘曳生姿。我自己也沉醉其间了。

不知舞了多久，音乐声渐渐没有了。我便向着殿上人跪谢。弘光似乎才缓过来神，见我已经舞完，便开始鼓起掌来。殿上诸人莫不称赞，弘光很是得意，像是得了宝贝一样看着我，说道："这李香君果真是名不虚传，来人啊，给贵妃娘娘打赏。"我笑了笑，又瞧了一眼姜疏，只见不知道什么时候他竟然已经悄然离场了。

　　我笑着收下了弘光给我的赏赐，便下去了，刚进了整妆的屋子，便被一个人拦了下来，我一看，正是姜疏。

　　"许大人，"我施了一个礼道，"不知道许大人为何要将本官拦下呢？这若是皇上还是宝成公主知道了都是不好的。"

　　他见我如此，便说道："表妹莫不是真的认不出我来了。"

　　"表妹？"我心中早已想与之相认，奈何这官中有太多眼线，若是着了谁的道，怕是死无葬身之地。"许大人，我姓李，您姓许，不知道你我二人有什么关系。"

　　"表妹啊表妹，明明是你姓吴，我姓姜，你为何就是不愿意承认呢？你小名还叫香儿对不对，我就是知道的，你就是我的香儿啊。这么多年过去了，你竟然长这么大了，只是怎么沦落成了秦淮人家的女儿啊。"

　　他拽着我的衣袖，苦苦追问道。我心中只是难过，他大概也是看出我来有些苦衷，便说道："后日子时，我在后花园里与你见面。我有事情要告诉你。"

　　未待我回答，他一个转身便不见了。

第八章
积怅成疾，隐居为尼，君心归日不可期

187

第二节　相见不识梦中人

表哥啊表哥，你可知香儿也有许多话想要问你。

我刚要回到殿上，只见宝成向已经坐在了她身边的姜疏问道："你说刚刚贵妃妹妹舞的好么？"姜疏垂目道："娘娘所舞，自是极好。"此时弘光正在兴头上，见姜疏这般说，便也要一同打赏。宝成见弘光对我溺爱到如此地步，只得恨恨地咬着牙，却是无处发作。我笑了笑，便走到殿上，弘光见我，便要我赶快坐在他的腿上。我心下当着表哥的面儿，竟然有些拘束。姜疏似乎是看出来了，他大概是怕连累我便说道："臣下今日身子不适，想要下去歇息会儿。"说着，便要下去。那宝成却说道："慢着，怎么，陪着本宫出来玩儿便是这般无趣？"

"公主是哪里话，能陪着公主，是臣下的幸事。"

"那你为何借故走掉？"公主依旧刁蛮的说道。

"臣下确实是身子不适。还望公主明察。"

"我可不管那些，我只知道，你若是走了，我便是身子不适。我若是身子不适，你可赔得起啊？"

姜疏见公主这般说了，也是没有法子，刚要坐下，只听弘光说道："妹妹，这可就是你的不对了。我看着许侍卫是日日夜夜地跟着你，守护着你，就差与你同床共枕了，只是身子不适罢了，你让他多去歇息会儿，若是身子累坏了，怕是以后你便没了这贴心的侍卫了。"

"既然皇帝哥哥都如此说了，那么你就下去吧。"

"谢皇上公主开恩。"说罢，姜疏便下了殿去。

就这样，当晚弘光又留宿在我宫中。如此一来，我便是连着五日的宠幸。我想起与表哥约好了第三日子时在后花园见面，想来便是要在那日将弘光支开了。于是那时我劝着弘光，说是英儿丽儿怕是再这样下去，便要不喜欢我这个母妃了。

弘光听我这么一说，也是一愣。我对他微蹙着眉头，说起那英儿和丽儿对我的抱怨，我知道这些话其实弘光心中是一清二楚的。这后宫之事，做君主的要懂得一碗水端平，其实弘光也并不难做。他总共才有两个像样的妃子，便是我与那清嫔，其他的都是一些乱幸了的宫女。其中有一位宫女为他诞下了一位皇子，只是这皇子没过多久就夭折。清嫔为弘光诞下了一对女儿，两位公主长相不凡，于学业，却是没有什么头脑。而我，便是从来没有移情过的，虽然身子不得不为这弘光所占有，只是我服了些药，如此便不会受孕。这样一来，我也是很心疼弘光，他为人风流，长相俊美，却是子嗣单薄。我想着想着，更要让他去清嫔那里了，反正来我这里也没有什么结果。

弘光倒也是听劝。我与姜疏相约那日，他果然去了清嫔那里。那一晚上我在子时之前因为没有陪伴弘光，竟然感到有些寂寞。到了子时，我悄悄地进了院子里。只见前面果然有一个身影。我上前轻轻唤了一声表哥，没有想到转过头来的竟是一张更为熟悉的脸。

熟悉的轮廓。那是我朝思暮想的夫君。

侯朝宗。

我原本以为再也见不到他了。万万没有想到，在有生之年还能见到。这便是上天让我存活下来的意义吧。我见他又是瘦了，很是心疼。我没进宫前，给他做了几身衣服都放在媚香楼里，现在想来他也是穿不了。我不知道他是怎么进来的，又和姜疏有什么关系，只是觉得这其中定是有着一

第八章

积忧成疾，隐居为尼，碧心归日不可期

189

个我不知道的环节，也正是这环节，成了今日我能见到侯朝宗和姜疏的关键。正当我想着，只见有人举着火把从假山后走了出来，我仔细一瞧，竟然是宝成，弘光和姜疏。

"我就说嘛皇帝哥哥，这贵妃妹妹可是心愿未了呢。"宝成又是拉长了语调说话。我见她如此，心中生厌，便皱了皱眉。宝成见我如此，又是紧接着说着："呵呵，你倒是有什么可皱眉的，我只问你，皇帝哥哥待你好是不好，你怎能如此对待他。"

"我如此对待他？我只问你，我是怎么对待他了。"我眼中含泪，"我本就是侯朝宗的妻子，却被奸人一而再再而三地陷害，如今只是见见自己的丈夫又有何不妥。"我对着那叫嚣的宝成道。

"都不要再说了。"这时弘光走了出来。他走到我的身边，又看了看侯朝宗半晌，才笑道："果然是一对璧人，难怪两厢难忘。"他又顿了顿，"我原本想只要一昧地对你好，想着日子久了便能够打动你，只是没有想到我竟然还是没有得到你的心。"

"宝成说你定是还念着旧情，我不相信。"他黯然说道。

"可是皇上，我什么都没有做，我只是来见我表哥啊，他是我最后的亲人了。我原本以为他死了，没有想到他还活着。我只是没有想到这是皇上与公主的计谋，看来倒是我李香君看走了眼了。"

"无妨，我原本也是想着你要是心中仍有我，我便一直把你留在身边，你若愿意和侯朝宗走，我也是不会拦你的。"他叹了口气，只等我的回答。"你表哥约你之事被宝成撞破，因为便想出了把侯朝宗叫来试你一试的法子，看你是否依旧钟情于他。"他看了看我，又说道，"你刚刚的神情是从来没有给过我的。我懂了。"

他没有自称朕。

弘光对我是如何的好，我都知道。或许他是真的爱上我了。只是我早已将心许给了侯朝宗。他是我一生一世的夫君。

今生，到底只能负了弘光了。

然而我看着弘光，想起自己和他的那些缠绵往事，不禁心中一痛。我既然满心的忠贞，为何还会和弘光如此。是因为一时的迷失，还是我本身便是荡妇。

这两个人，我到底是谁也对不住。

我看着侯朝宗，只见他也深情地看着我，向我伸出一只手来，"香儿，跟我走了便是，我带你回家。"

我又回头看了看只是低头哀叹的弘光，跪在了他的面前："皇上，我李香君已是无颜面对世人了，我愿意从此去那宫外的永念庵中，青灯古佛，相伴余生。"

我抬起头看了一眼姜疏，凄厉说道："表哥，香儿终于见到你了。"

姜疏上前一步，也跪地抱着我，哭泣着说道："香儿，真是没有想到啊，今日你我兄妹竟然如此重逢。只是我没有想到自己不慎被公主看破心思，她那日一直派人跟踪我，见到了我与你相会。"他还是如小的时候那般，看着我的眼里满是怜惜，"表妹你可知道，那日我们家中被抄后，我便拼了命地往那后门外的巷子里跑，只是这巷子实在是深，我只能找了一个人家的水缸躲藏。"

他看了看我，我眼中含泪，望着他道："表哥，只是我不知道竟是这样的啊。你为什么后来不来寻我呢。我可是一直苦苦地等着你啊。"

"傻香儿，我怎么敢去寻你，我是姜府嫡子，外面搜寻了我整整两个月，事情才平息下来。"他此时完全无视侯朝宗和宝成，就是连弘光也不顾及，只把过往之事完完整整地说出来，生怕我有哪里不清楚而错怪他。"我只知道娘在抄家之前便把你送走了，一直都以为你是安然无恙的。我后来从那水缸中出来，知道自己算是捡了一条性命。便认了那水缸的主人为自己

191

的养父母。自那以后，我便化名为许图了。"

"表哥，可真是苦了你了。"我丝毫没有怀疑他，一直听他说下去。"我虽是活着，却明白这灭门之仇不可不报，于是便开始拜师学武，勤加锻炼自己的身体。后来入宫当了这禁卫军，因为前阵子宝成公主想要寻些面首，要在禁卫军中挑选面容俊逸的男子。我便被公主选中了。"他语气变得苦涩了起来。

宝成闻言，像是掌控一个人的命运是多么值得骄傲一样。我不屑地看了她一眼。面首？她也真是想得出。我看了看弘光，他一直满脸痛苦地看着我，却没有一丝仇恨。我知道他是对我有情的，而不只是简单的一时鬼迷心窍。

宝成冷哼一声："皇帝哥哥，你倒是要如何处置这李香君？"

第三节　红颜薄命断人肠

"皇上。"我跪了下来，"既然公主已经这么说了，只看您是不是相信臣妾的清白了。只不过臣妾还有一事要讲。"

弘光见我如此，淡淡地回道："你说。"

"皇上，侯公子，现如今香君愧对你们二人，我也是知道，无论如何你们再也不会觉得我纯洁如初了。既然如此，皇上您看您是留我一条性命，还是直接发配我出宫当尼姑。"

侯朝宗见我如此，直接跪了下来，"皇上，求求你不要赐死香儿，她如今想是受了太多的折磨，神智也是不大清醒。您千万不要责怪于她。"

姜疏见状，也苦苦求道："皇上，今晚之事都是臣一人谋划，求您不要责罚表妹。"

我们三人在地上跪着，也不知道跪了多久。终于，只听宝成冷冷地笑了一声，说道："皇帝哥哥，你倒是说话啊，这么多人求情呢。"

弘光也是笑了笑。此时他的笑显得那样的突兀。我不知道说些什么，只是静静地等候发落。我突然好怕，怕他将我继续禁锢在这皇宫里，却处死我的夫君和表哥，让我们生死两别。就算让我们一同死我也是不怕的。

几声笑后，弘光慢慢地踱到了我的身旁。我抬起头看着他，满脸泪痕。他蹲下身子，慢慢地为我拭去，一脸哀声。他从袖中取出一块帕子，递给我。

我取过帕子，闭上眼睛，说道："皇上，您的恩情香君永世难忘。只是今生你我相遇太晚，香君不得不辜负您了。"

他叹了口气，说道："也罢，那么罪臣之女李香君今晚便直接迁去那尼姑庵。姜疏就由公主带回去好生管教。侯朝宗，你且回家去吧，终身不为朝廷录用。"

侯朝宗和姜疏见弘光松了口，便朝他叩了三个响头，口中连连说道："叩谢皇恩浩荡。"

我不可思议地睁开眼睛，看着侯朝宗。他也看着我，用一个淡淡的微笑安慰着受惊的我。

就这样，我当即被人用车子送到了郊外的尼姑庵中。那里无人打扰我，很是清静。庵中大小尼姑见我是官里来的人，却没有什么架子，对我也很和善。事到如今，定是不乏那落井下石之辈，只是现在我为自己择的这一处还真是明智，少有那凡夫俗子，让我每日都得以静下心来抄诵佛经。

一日，忽然有小尼姑闯进我的屋子，我见她神色慌张，便忙问道这是怎么了，她只是瞪目，嘴中连喊着"打过来了打过来了"，连话都说不完整。

我知道定是出了什么大乱子，赶忙跑了出去。只闻后面有人叫我的名字，要我别乱跑，我自是也顾不得了，忙跑到外面去看，可是却什么也没有瞧见。看来辫子军已经进了城了。我呆愣愣地看着这山上直通往尼姑庵的小石阶，一股哀伤弥漫心头。不知道这改朝换代后的一切又是什么模样。

我这尼姑庵为图清净，建在了郊外，因而并不碍事。我不知道那辫子军是有多大的本事，想着自己还好从宫中出来了，否则现在怕是已经被掳走了。我想着弘光，现在看来，他是保不住自己的一条命了。皇帝又能怎样，几天前还决定着他人的生死，如今倒是连自己的生死也掌控不了。而我的表哥呢，他又在哪里？我只得祈求他能如小时候抄家时那样的幸运。

我正想着，忽然见侯朝宗从山下的小石阶上朝我跑过来。我刚刚还想着他在何处，是否平安，而现在却是一个大活人直接站在我的面前。我心下大喜，上前一把抱住他的脖颈。他也是紧紧地搂住我，然后松开来打量着我，看我是否一切无碍。我心中有些难过，便哭丧着脸对他说："可是……可是那北边的打过来了？"

侯朝宗点了点头，面部表情很僵硬，"是了，只是现下无碍，还伤及不了这里。"他顿了顿又道，"香儿，你可愿意与我回老家？我与你男耕女织，也能快活度日。"他一脸期待地看着我，此刻竟然没有顾忌外面的大局势，我知道他是想趁乱带我走，我看着他，只见他又问我："香儿，你道是好不好。"

我不知道如何面对这一切，我的大明已经完了。不，我不敢相信。就算是辫子军真的打了过来，那又如何。我永远都是大明的臣民。虽然我说过不怕改朝换代，可是真到了这个时刻，我才知道从前的我是多么的幼稚。现下我的国家灭亡了，我不知道还应该有什么念头活下去。

然而想想自己一十八年来的坎坷，看看自己眼前的侯朝宗。或许他对未来还有希望。不过我这么肮脏的人又有什么资格与他破镜重圆呢？我眼中含着泪，对他道："于世俗而言，我也不过是一个荡女。自己丈夫未死，竟然改去服侍他人，我真是浸猪笼也不为过啊。更何况现如今大明完了，辫子军都入关进城了，我若是被他们掳到，那……那我还不如现在便一死了之。"

我嘤嘤而泣，想要挣脱侯朝宗，他见我如此，实在是不忍心："爱妻你莫要如此！国破山河在，只要有我侯朝宗一日，大明便还在这世间一日！不能算亡了！更何况现下南方还有义士随时准备策反。香儿，你血溅桃花扇本已为我守节，你可知我听后有多感动，又有多么害怕！我怕再也见不到你了。只要你活着就好，无论你在哪里。再说了，后来这让你进宫的可是皇帝啊，你若是不去，怕是整个媚香楼都要受牵连。你千万别为难自己，觉得自己失节于我。"他为我的处境着想着，竟是让我无法再说些什么去回绝。我虽然很想与他回到从前的日子，奈何这一连发生的事情真是太多

195

了。我心中最多的便是茫然。我不知道如何面对世人，更是不知道如何面对自己。

侯朝宗见我如此，只得叹了口气，"香儿，也罢。你如今所处的境况也算是安全的，我也是放心了。"他笑着看看我，像从前那样安抚着我，说道："我先回趟老家，看看家中的情况如何，然后再回来接你。这段日子你可千万不要乱跑，老老实实地在这里等我回来。"

我见他如此，知道无论如何他也是想要和我重修旧好，心中虽然悲戚到了极致，却还是有种甜蜜，觉得还有一个人值得自己依靠。想起自己从前为之血溅桃花扇，当真是值得。便点头顺从道："相公先回家去吧，待到过了这个冬天，来年桃花再开之时，你我便在这庵前相会。"

他见我如此答应，也是欢喜。

"香儿，我就知道你还是愿意和我在一起的。你答应我便好，明年桃花开时，便在这庵前，我等着接你离开。"

只是我与侯朝宗并不知道，那时的我已经永远地告别了自己生命中的最后一个春天了。

进了秋季，我便开始干咳。初时以为自己不过是每日做饭烧水时吸入了太多的柴火烟气。只是没有料到，这病情来得迅猛，没有几日，我便已经躺在床上不能动了。我想起从前自己病时，还有李贞丽为我请郎中来，现如今她们只是把我锁在柴房里，将我隔离出来，怕我是什么传染病。待我也只是每日将三餐放到门口，便赶忙走掉。这人啊，倒是惜命。我竟不知现如今的自己是如此遭人嫌弃。从前在媚香楼，不知道有多少人花大笔的银两只为看我一眼，而现在呢？我李香君竟然躺在尼姑庵的柴房之中，每日被人锁着，如喂牲口般被喂着残羹剩饭。

一日我躺在床上，头晕目眩，神智有些不清醒了。这柴房进入冬天，便是一阵的寒冷。她们竟然愈发不拿我当个人看。我心中难过，只求能把我移到个暖和的地方去。我还要活着，我还要等到春天再来时，桃花再开时，我好在这尼姑庵前等着我家相公归来，带我永远地离开这里。我正想着这些，忽然两个小尼姑进柴房来取些柴火，见我已经冻得手脚生疮，还拿柴火棒戳了一戳。我已是冻得没有知觉，更是不知道什么是疼了。

那两个小尼姑见我不喊疼，又戳了两下，其中一个个子高些的对矮些的说道："这是怎么一回事，她是死了不成，竟然不会喊痛了。"

我大概是有些发热，身子软绵绵的，躺在柴火堆旁的小榻子上几乎失去了知觉，却能恍惚中听那个子矮的说："你可是不要瞎说，你看她眼睛还睁着呢，唉，还会眨。这眼睛倒真是漂亮呢，我要是有一双该多好。"

那高个子"呸"了一声："你还要这眼睛？你可知她是谁啊，她就是个下三滥的臭婊子，真是不要脸得很，自己丈夫出游，她竟然勾搭上了前朝的皇上。哼，真是恶心人啊。"

说着，又朝我吐了一口痰。那矮个子的见了，也是学着吐了一口痰。

而我只能静静地在那里躺着。我已经不想再言语了。不知过了多久，外面有人叫嚷着，似乎是下了雪。我睁开眼睛，看了看窗外，这柴房的窗子糊得也不结实，到处都是一些破窟窿。我看着有雪花儿飘了进来，心中想到：真好，看来秋天已过，冬天来了。再用不了多久，便是春天了。待到那时，我便能被人接走了，永远地离开这个地方。

就这样想着，有人推门进来给我送饭我也没有听见，意识恍惚着，周围的一切声响都变得有些模糊。忽然只闻耳旁有人尖声叫道："这里有人死了！"

谁人死了便死了吧，到头来人都难逃一死。只是我还要等着我的相公接我离开，可不能就这么去了。

窗外的雪花依旧飘着，雪势竟是越来越大。忽然有雪花从破了的窗纸外飘了进来，飘进我的眼里。

第八章

积快成疾，隐居为尼，身心归日不可期

197

我却是没有力气再眨眼了。

这也好，雪花儿也是怕我嫌这世间污秽，特意来蒙上我的双眼吧。

井底引银瓶，银瓶欲上丝绳绝。

石上磨玉簪，玉簪欲成中央折。

瓶沉簪折知奈何，似妾今日与君别。

侯公子，只是我好悔好悔，为何当初没有与你一同离开。算来你我相守的日子竟是那样短暂。

唯望唯望，今生缘，他生续。

况家国虽亡，山河犹在。中华气血，君当续之。壮悔昭昭，莫负己志。

附 录

李香君的诗意人生

血染桃花扇

香君身边长带一把素绢扇，上绘有色彩浓艳的桃花图。此扇并非出自名家之手，也不是如何贵重的物品，但是香君十分珍视，从未离开身旁半刻。原因就是此扇所绘桃花乃用香君鲜血染成，此扇代表着她与侯朝宗缠绵不绝的爱情，也寄托了自己生命中全部的希冀。

此扇代表着两人的身后感情，当侯朝宗听香君"男儿应志在四方"挥泪离去之后，香君遭田仰逼婚。香君凝视着定情的绢扇下定决心宁死不从，并从媚香楼上跳下自尽，当李大娘于媚香楼的姐妹将香君抬回屋中救治之时，香君的鲜血已经染满了手中的绢扇。杨龙友闻讯赶到已是深夜，看着重伤的香君与手中的绢扇感慨万分，在香君昏迷不醒之际，杨龙友带走了绢扇，回到自己家中就着绢扇上的血迹，绘制了一幅鲜艳欲滴的桃花图，又以墨色点缀枝叶，灼灼动人的桃花扇便诞生了。最后杨龙友在扇面上提名"桃花扇"三字，香君病愈后对此扇更为珍爱。

侯朝宗初次为香君送诗

诗云：

> 绰约小天仙，生来十六年；
> 玉山半峰雪，瑶池一枝莲。
> 晚院香留客，春宵月伴眠；
> 临行娇无语，阿母在旁边。

　　这是侯朝宗送给李香君的第一首诗，当时侯朝宗被香君所作之画所震撼，画上还附有诗一首："瑟瑟西风净远天，江山如画镜中悬。不知何处烟波叟，日出呼儿泛钓船。"由此诗中透露出一股欣赏倾慕的情怀。此后，一个风流倜傥的翩翩少年在邂逅一个娇柔多情的玉女后便彻底坠入爱河，缠绵无期。

香君诗词鉴赏

蝶恋花·读《桃花扇》赋香君

绿柳依然飘两岸，十里秦淮，自古佳人怨。离合悲欢难指算，胭脂故事春秋叹。

碎首淋漓奇女赞，孔话桑麻，演义谁如愿？多少香君皆血溅，金陵遍地桃花扇。

题《桃花扇传奇》绝句六首

作者：田雯

一例降旗出石头，乌啼枫落秣陵秋。

南朝剩有伤心泪，更向胭脂井畔流。

白马青丝动地哀，教坊初赐柳圈回。

春灯燕子桃花笑，笺奏新词狎客来。

江湖无赖弄潺湲，一载春风化杜鹃。

却怪齐梁痴帝子，莫愁湖上住年年。

商丘公子多情甚，水调词头吊六朝。

眼底忽成千古恨，酒钩歌扇总无聊。

零落桃花咽水流，垂杨憔悴暮蝉愁。

香娥不比圆圆妓，门闭秦淮古渡头。

锦瑟消沉怨夕阳，低回旧院断人肠。

寇家姊妹知何处，更惜风流郑妥娘。

观《桃花扇传奇》漫题六绝句

作者：宋荦

中原公子说侯生，文笔曾高复社名。

今日梨园谱遗事，何妨儿女有深情。

南渡真成傀儡场，一时党祸剧披猖。

翩翩高致堪摹写，侥幸千秋是李香。

气压宁南惟倜傥，书投光禄杂诙谐。

凭空撰出桃花扇，一段风流也自佳。

血作桃花寄怨孤，天涯把扇几长吁。

不知壮悔高堂下，入骨相思悔得无。

陈吴名士镇周旋，狎客追欢向酒边。

何意尘扬东海日，江南留得李龟年。

新词不让长生殿，幽韵全分玉茗堂。

泉下故人呼欲出，旗亭樽酒一沾裳。

林语堂为香君题诗

香君一个娘子，血染桃花扇子。

气义照耀千古，羞杀须眉汉子。

香君一个娘子，性格是个蛮子。

悬在斋中壁上，教我知所管制。

如今天下男子，谁复是个蛮子。

大家朝秦暮楚，成个什么样子。

当今这个天下，都是骗子贩子。

我思古代美人，不至出甚乱子。

周实《题词》

千古勾栏仅见之，楼头慷慨却奁时。

中原万里无生气，侠骨刚肠剩女儿。

侯朝宗所作《李姬传》：

李姬者，名香，母曰贞丽。贞丽有侠气，尝一夜博，输千金立尽。所交接皆当世豪杰，尤与阳羡陈贞慧善也。姬为其养女，亦侠而慧，略知书，能辨别士大夫贤否，张学士溥、夏吏部允彝急称之。少风调皎爽不群。十三岁，从吴人周如松受歌玉茗堂四传奇，皆能尽其音节。尤工琵琶词，然不轻发也。

雪苑侯生，己卯来金陵，与相识。姬尝邀侯生为诗，而自歌以偿之。初，皖人阮大铖者，以阿附魏忠贤论城旦，屏居金陵，为清议所斥。阳羡陈贞慧、贵池吴应箕实首其事，持之力。大铖不得已，欲侯生为解之，乃假所善王将军，日载酒食与侯生游。姬曰："王将军贫，非结客者，公子盍叩之？"侯生三问，将军乃屏人述大铖意。姬私语侯生曰："妾少从假母识阳羡君，其人有高义，闻吴君尤铮铮，今皆与公子善，奈何以阮公负至交乎！且以公子之世望，安事阮公！公子读万卷书，所见岂后于贱妾耶？"侯生大呼称善，醉而卧。王将军者殊怏怏，因辞去，不复通。

未几，侯生下第。姬置酒桃叶渡，歌琵琶词以送之，曰："公子才名文藻，雅不减中郎。中郎学不补行，今琵琶所传词固妄，然尝昵董卓，不可掩也。公子豪迈不羁，又失意，此去相见未可期，愿终自爱，无忘妾所歌琵琶词也！妾亦不复歌矣！"

侯生去后，而故开府田仰者，以金三百锾，邀姬一见。姬固却之。开府惭且怒，且有以中伤姬。姬叹曰："田公岂异于阮公乎？吾向之所赞于侯公子者谓何？今乃利其金而赴之，是妾卖公子矣！"卒不往。

赏析：《李姬传》又名《桃花扇》出自侯朝宗的《壮悔堂文集》。侯

205

朝宗写的这篇文章并没有大量铺写事件而是选出了几个典型的事件来表现李香不同一般人的高尚品格，突出李香鲜明的性格特征。文章结构结构严谨从"定情"到"分别"，再到"别后"，三个阶段，层层推进，紧密联系形成整体，使得对李香的刻画更形象具体。李香虽出生卑微，是个不被世人尊重的青楼女子，但是她却能明辨是非，识破阉党余孽的诡计，劝说侯朝宗拒绝阮大铖的利诱。侯、李两人爱情并非一般个人爱情问题，而是与当时政治斗争息息相关。她忠实于和侯朝宗真挚的爱情，有胆识具有强烈的正义感，坚持不肯与和开府田仰迎合苟且。这种黑白善恶的对比使得李香的性格色彩有胆有识更加引人注目和钦佩。

侯朝宗所做无名诗

绰约小天仙，生来十六年；

玉山半峰雪，瑶池一枝莲。

晚院香留客，春宵月伴眠；

临行娇无语，阿母在旁边。

赏析：这是侯朝宗与李香君第一次见面后写下的诗句。自古就有才子配佳人，美女配名仕，一个是才华横溢，名满天下的翩翩书生，一个是国色天香，温柔多情的风尘女子。两人相见哪有不相互爱慕而坠入爱河的。像侯朝宗这样的翩翩书生更是难找。按当时的风尚，如果客人钟情于一个妓女，需要出资办一个仪式，再给妓院一笔重金，这个妓女就可以专门为这位客人服务了。这套手续称为"梳拢"。像李香君这样的秦淮名妓，梳拢必须邀请大批有头有脸的风流雅士，办一场高级别的宴会，还要付一笔丰厚的礼金给鸨母。而侯朝宗的父亲还在北京的牢里，之所以来南京应试，就是因为自己是罪臣之子，不能参加顺天府的乡试。他身边当然没有太多的银子，有心想梳拢李香君，却又无能为力。

孔尚任剧本《桃花扇》节选

贫道张瑶星，挂冠归山，便住这白云庵里。修仙有分，涉世无缘。且喜书客蔡益所随俺出家，又载来五车经史。那山人蓝田叔也来皈依，替我画了四壁蓬瀛。这荒山之上，既可读书，又可卧游，从此飞升尸解，亦不算懵懂神仙矣。只有崇祯先帝，深恩未报，还是平生一件缺事。今乃乙酉年七月十五日，广延道众，大建经坛，要与先帝修斋追荐；恰好南京一个老赞礼，约些村中父老，也来搭醮。不免唤出弟子，趁早铺设。（唤介）徒弟何在？（丑扮蔡益所，小生扮蓝田叔道装上）尘中辞俗客，云里会仙官。（见介）弟子蔡益所、蓝田叔，稽首了。（拜介）（外）尔等率领道众，照依黄箓科仪，早铺坛场；待俺沐浴更衣，虔心拜请。正是：清斋朝帝座，直道在人心。（下）（丑、小生铺设三坛，供香花茶果，立幡挂榜介）

【北醉花阴】高筑仙坛海日晓，诸天群灵俱到，列星众宿来朝。幡影飘飘，七月中元建醮。

（丑）经坛斋供，俱已铺设整齐了。（小生指介）你看山下父老，捧酒顶香，纷纷来也。（副末扮老赞礼，领村民男女，顶香捧酒，挑纸钱、锭锞、绣幡上）

【南画眉序】携村醪，紫降黄檀绣帕包。（指介）望虚无玉殿，帝座非遥；问谁是皇子王孙，撇下俺村翁乡老。（掩泪介）万山深处中元节，擎着纸钱来吊。

（见介）众位道长，我们社友俱已齐集了，就请法师老爷出来巡坛罢。（丑、小生向内介）铺设已毕，请法师更衣巡坛，行洒扫之仪。（内三鼓介）（杂扮四道士奏仙乐，丑、小生换法衣捧香炉，外金道冠、法衣，擎净盏，执松枝，巡坛洒扫介）

【北喜迁莺】（合）净手洒松梢，清凉露千滴万点抛；三转九回坛边绕，浮尘热恼全浇。香烧，云盖飘，玉座层层百尺高。响云璈，建极宝殿，改作团瓢。

（外下）（丑、小生向内介）洒扫已毕，请法师更衣拜坛，行朝请大礼。（丑、小生设牌位：正坛设故明思宗烈皇帝之位；左坛设故明甲申殉难文臣之位；右坛设故明甲申殉难武臣之位）（内奏细乐介）（外九梁朝冠、鹤补朝服、金带、朝鞋、牙笏上）（跪祝介）伏以星斗增辉，快睹蓬莱之现；风雷布令，遥瞻阊阖之开。恭请故明思宗烈皇帝九天法驾，及甲申殉难文臣，东阁大学士范景文，户部尚书倪元璐，刑部侍郎孟兆祥，协理京营兵部侍郎王家彦，左都御史李邦华，右副都御史施邦耀，大理寺卿凌义渠，太常寺少卿吴麟徵，太仆寺丞申佳胤，詹事府庶子周凤翔，谕德马世奇，中允刘理顺，翰林院检讨汪伟，兵科都给事中吴甘来，巡视京营御史王章，河南道御史陈良谟，提学御史陈纯德，兵部郎中成德，吏部员外郎许直，兵部主事金铉；武臣新乐侯刘文炳，襄城伯李国桢，驸马都尉巩永固，协理京营内监王承恩等。伏愿彩仗随车，素旗拥驾；君臣穆穆，指青鸟以来临；文武皇皇，乘白云而至止。共听灵籁，同饮仙浆。（内奏乐，外三献酒，四拜介）（副末、村民随拜介）

【南画眉序】（外）列仙曹，叩请烈皇下碧霄；舍煤山古树，解却官。且享这椒酒松香，莫恨那流贼闯盗。古来谁保千年业，精灵永留山庙。

（外下）（丑、小生左右献酒，拜介）（副末、村民随拜介）

【北出队子】（丑、小生）虔诚祝祷，甲申殉节群僚。绝粒刎颈恨难消，坠井投缳志不挠，此日君臣同醉饱。

（丑、小生）奠酒化财，送神归天。（众烧纸牌钱锞，奠酒举哀介）（副末）今日才哭了个尽情。（众）我们愿心已了，大家吃斋去。（暂下）（丑、小生向内介）朝请已毕，请法师更衣登坛，做施食功德。（设焰口，结高坛介）（内作细乐介）（外更华阳巾、鹤氅，执拂子上，拜坛毕，登坛介）（丑、小生侍立介）（外拍案介）窃惟浩浩沙场，举目见空中之楼阁；茫茫苦海，回头登岸上之瀛州。念尔无数国殇，有名敌忾，或战畿辅，或战中州，或战湖南，或战陕右；死於水，死於火，死於刃，死於镞，死於跌扑踏践，死於疠疫饥寒。咸望滚榛莽之髑髅，飞风烟之燐火，远投法座，遥赴宝山。吸一滴之甘泉，津含万劫；吞盈掬之玉粒，腹果千春。（撒米、浇浆、焚纸，鬼抢介）

【南滴溜子】沙场里，沙场里，屍横蔓草；殷血腥，殷血腥，白骨渐槁。可怜风旋雨啸，望故乡无人拜扫；饿魄馋魂，来饱这遭。

（丑、小生）施食已毕，请法师普放神光，洞照三界，将君臣位业，指示群迷。（外）这甲申殉难君臣，久已超昇天界了。（丑、小生）还有今年北去君臣，未知如何结果？恳求指示。（外）你们两廊道众，斋心肃立；待我焚香打坐，闭目静观。（丑、小生执香，低头侍立介）（外闭目良久介）（醒向众介）那北去弘光皇帝，及刘良佐、刘泽清、田雄等，阳数未终，皆无显验。（丑、小生前禀介）还有史阁部、左宁南、黄靖南，这三位死难之臣，

209

未知如何报应？（外）待我看来。（闭目介）（杂白鬓、头、朱袍，黄纱蒙面，幢幡细乐引上）吾乃督师内阁大学士兵部尚书史可法。今奉上帝之命，册为太清宫紫虚真人，走马到任去也。（骑马下）（杂金盔甲、红纱蒙面，旗帜鼓吹引上）俺乃宁南侯左良玉。今奉上帝之命，封为飞天使者，走马到任去也。（骑马下）（杂金盔甲、黑纱蒙面，旗帜鼓吹引上）俺乃靖南侯黄得功。今奉上帝之命，封为游天使者，走马到任去也。（骑马下）（外开目介）善哉，善哉！方才梦见阁部史道邻先生，册为太清宫紫虚真人；宁南侯左崑山、靖南侯黄虎山，封为飞天、游天二使者。一个个走马到任，好荣耀也。

【北刮地风】则见他云中天马骄，才认得一路英豪。咭叮噹奏着钧天乐，又摆些羽葆干旄。将军刀，丞相袍，挂符牌都是九天名号。好尊荣，好逍遥，只有皇天不昧功劳。

（丑、小生拱手介）南无天尊，南无天尊！果然善有善报，天理昭彰。（前禀介）还有奸臣马士英、阮大铖，这两个如何报应？（外）待俺看来。（闭目介）（净散发披衣跑上）我马士英做了一生歹事，那知结果这台州山中。（杂扮霹雳雷神，赶净绕场介）（净抱头跪介）饶命，饶命！（杂劈死净，剥衣去介）（副净冠带上）好了，好了！我阮大铖走过这仙霞岭，便算第一功了。（登高介）（杂扮山神、夜叉，刺副净下，跌死介）（外开目介）苦哉，苦哉！方才梦见马士英被雷击死台州山中，阮大铖跌死仙霞岭上。一个个皮开脑裂，好苦恼也。

【南滴滴金】明明业镜忽来照，天网恢恢飞不了。抱头颅由你千山跑，快雷车偏会找，钢叉又到。问年来吃人多少脑，这顶浆两包，不够犬饕。

（丑、小生拱手介）南无天尊，南无天尊！果然恶有恶报，天理昭彰。

（前禀介）这两廊道众，不曾听得明白，还求法师高声宣扬一番。（外举拂高唱介）（副末、众村民执香上，立听介）

【北四门子】（外）众愚民暗室亏心少，到头来几曾饶，微功德也有吉祥报，大巡环睁眼瞧。前一番，后一遭，正人邪党，南朝接北朝。福有因，祸怎逃，只争些来迟到早。

（副末、众叩头下）（老旦扮卜玉京，领旦上）天上人间，为善最乐。方才同些女道，在周皇后坛前挂了宝幡，再到讲堂参见法师。（旦）奴家也好闲游么？（老旦指介）你看两廊道俗，不计其数，瞧瞧何妨。（老旦拜坛介）弟子卜玉京稽首了！（起同旦一边立介）（副净扮丁继之上）人身难得，大道难闻。（拜坛介）弟子丁继之稽首了。（起唤介）侯相公，这是讲堂，过来随喜。（生急上）来了！久厌尘中多苦趣，才知世外有仙缘。（同立一边介）（外拍案介）你们两廊善众，要把尘心抛尽，才求得向上机缘；若带一点俗情，免不了轮回千遍。（生遮扇看旦，惊介）那边站的是俺香君，如何来到此处？（急上前拉介）（旦惊见介）你是侯郎，想杀奴也。

【南鲍老催】想当日猛然舍抛，银河渺渺谁架桥，墙高更比天际高。书难捎，梦空劳，情无了，出来路儿越迢遥。（生指扇介）看这扇上桃花，叫小生如何报你。看鲜血满扇开红桃，正说法天花落。

（生、旦同取扇看介）（副净拉生，老旦拉旦介）法师在坛，不可只顾诉情了。（生、旦不理介）（外怒拍案介）唗！何物儿女，敢到此处调情。（忙下坛，向生、旦手中裂扇掷地介）我这边清净道场，那容得狡童游女，戏谑混杂。（丑认介）阿呀！这是河南侯朝宗相公，法师原认得的。（外）这女子是那个？（小生）弟子认得他，是旧院李香君，原是侯兄聘妾。（外）一向都在何处来？（副净）侯相公住在弟子采真观中。（老旦）李香君住

211

在弟子葆真庵中。（生向外揖介）这是张瑶星先生，前日多承超豁。（外）你是侯世兄，幸喜出狱了。俺原为你出家，你可知道么？（生）小生那里晓得。（丑）贫道蔡益所，也是为你出家。这些缘由，待俺从容告你罢。（小生）贫道是蓝田叔，特领香君来此寻你，不想果然遇着。（生）丁、卜二师收留之恩，蔡、田二师接引之情，俺与香君世世图报。（旦）还有那苏昆生，也随奴到此。（生）柳敬亭也陪我前来。（旦）这柳、苏两位，不避患难，终始相依，更为可感。（生）待咱夫妻还乡，都要报答的。（外）你们絮絮叨叨，说的俱是那里话。当此地覆天翻，还恋情根欲种，岂不可笑！（生）此言差矣！从来男女室家，人之大伦，离合悲欢，情有所锺，先生如何管得？（外怒介）呵呸！两个痴虫，你看国在那里，家在那里，君在那里，父在那里，偏是这点花月情根，割他不断么？

【北水仙子】堪叹你儿女娇，不管那桑海变。艳语淫词太絮叨，将锦片前程，牵衣握手神前告。怎知道姻缘簿久已勾销；翅楞楞鸳鸯梦醒好开交，碎纷纷团圆宝镜不坚牢。羞答答当场弄丑惹的旁人笑，明荡荡大路劝你早奔逃。

（生揖介）几句话，说的小生冷汗淋漓，如梦忽醒。（外）你可晓得么？（生）弟子晓得了。（外）既然晓得，就此拜丁继之为师罢。（生拜副净介）（旦）弟子也晓得了。（外）既然也晓得，就此拜卜玉京为师罢。（旦拜老旦介）（外吩咐副净、老旦介）与他换了道扮。（生、旦换衣介）（副净、老旦）请法师升座，待弟子引见。（外升座介）（副净领生，老旦领旦，拜外介）

【南双声子】芟情苗，芟情苗，看玉叶金枝凋；割爱胞，割爱胞，听凤子龙孙号。水沤漂，水沤漂；石火敲，石火敲；剩浮生一半，才受师教。

（外指介）男有男境，上应离方；快向南山之南，修真学道去。（生）

212

是。大道才知是，浓情悔认真。（副净领生从左下）（外指介）女有女界，下合坎道；快向北山之北，修真学道去。（旦）是。回头皆幻景，对面是何人。（老旦领旦从右下）（外下座大笑三声介）

【北尾声】你看他两分襟，不把临去秋波掉。亏了俺桃花扇扯碎一条条，再不许癡虫儿自吐柔丝缚万遭。

白骨青灰长艾萧，桃花扇底送南朝；
不因重做兴亡梦，儿女浓情何处消。

附录

李香君的诗意人生

213